# 核の復権

## 核共有、核拡散、原発ルネサンス

会川晴之



角川新書

# はじめに

２０２２年２月24日、ロシアがウクライナ侵攻を始めた。１９８９年のベルリンの壁崩壊を機に世界を東西に分断していた冷戦が終結、「ポスト冷戦」と呼ばれる時代が続いていたが、侵攻で終わりを告げた。米露だけでなく東西の両陣営が、再び激しく対立する時代に逆戻りした。

歴史の大転換は、これだけにとどまらなかった。

ロシアのプーチン大統領は、ウクライナ侵攻を機に、核兵器を使う可能性を何度となく明言した。45年８月に広島、長崎に投下されて以降、77年間にわたり使われることがなかった核兵器の使用を前面に打ち出す姿勢に人々は驚き、国連のグテレス事務総長は「背筋が凍り付きそうな動きだ」と憂慮の声をあげた。

ロシアだけでなく、世界に目を転じると核戦力の増強に取り組む姿が次々と目に入る。

中国は、西域の砂漠地帯で大規模な大陸間弾道ミサイル（ＩＣＢＭ）の発射基地の建造を始めた。核兵器に使うプルトニウムの大量生産を目指す取り組みにも着手している。近い将来、核大国と呼ばれる米国とロシアに肩を並べる可能性も出ている。

残念なことに、これまで一貫して核戦力の削減を続け、「核兵器廃棄に最も近い国」と呼ばれてきた英国にも変化が現れた。核兵器の保有数の上限を、従来の180発から260発に引き上げる方針を表明、核廃棄の可能性は遠のいている。

実はこの30年あまり、世界は核軍縮の流れにあった。詳しくは本書で述べるが、ロシアのウクライナ侵攻でその時代も終わってしまった。核兵器の役割が再び増す「核の復権」とも呼べる動きに呼応して、日本でも米国と核兵器を共有する「核共有」を探ろうとする動きも出ている。


筆者は東京で生まれ育った。小学校時代、毎日のように渡った隅田川は悪臭が漂い、進学した中学校からは、見えるはずの東京タワーが光化学スモッグで見えない日も数多くあった。そんな背景もあり、高校時代から環境問題（当時は、公害問題と呼んでいた）に関心を持ち、次第に原子力、核へと広がった。

新聞記者となってからも、不思議と原子力や核をめぐる事象と縁があった。初任地の盛岡では、動力炉・核燃料開発事業団（当時）が釜石鉱山で、核廃棄物の最終処分場建設につなげる技術開発をしようとした事案に出会った。ウィーンでは「核の番人」と呼ばれる国際原子力機関（IAEA）を担当、北朝鮮やイランなどの核拡散問題だけでなく、原子力を推進する立場にある専門家への取材も続けた。日米が共同で手がけた核のごみ問題を追い、モンゴルの大草原を駆け巡ったこともある。

本書は、そうした経験をもとに書き上げた。核兵器だけでなく、地球温暖化問題対策の「切り札」として、日本でも再び脚光を浴び始めた原子力にも1章を割いた。

柳田国男の『遠野物語』の舞台となった岩手県遠野市は、山深いことで知られる。走っても走っても、同じところを回っている気がする。そんな奇妙な思いにつつまれたこともある。盛岡支局時代、自民党の有力県議を取材するため、その遠野に通い詰めた。ある晩、「Aさんと Bさんは仲が悪そうに見える。本当のところはどうなのか？」と尋ねた。「けもの道でつながっている」。議員は独特の表現で解説してくれた。

一見、複雑に見える核や原子力でも、こうした「裏道」でつながる意外な世界があるはずだ。世界各地で起きている核や原子力をめぐる事案の関連性を探り、それをつなげる「補助線」をうまく引ければ、世界の見え方も変わるはずだ。果たして、補助線はうまく引けたのか。その判断は、読者の方々に委ねたい。

目次

## 第三章　ロシアの弱さが核に向かわせる　107

## 第六章　原発も「復権」　239



□コラム

（編集部注）断りのない限り、肩書きは事象発生および取材当時のもの

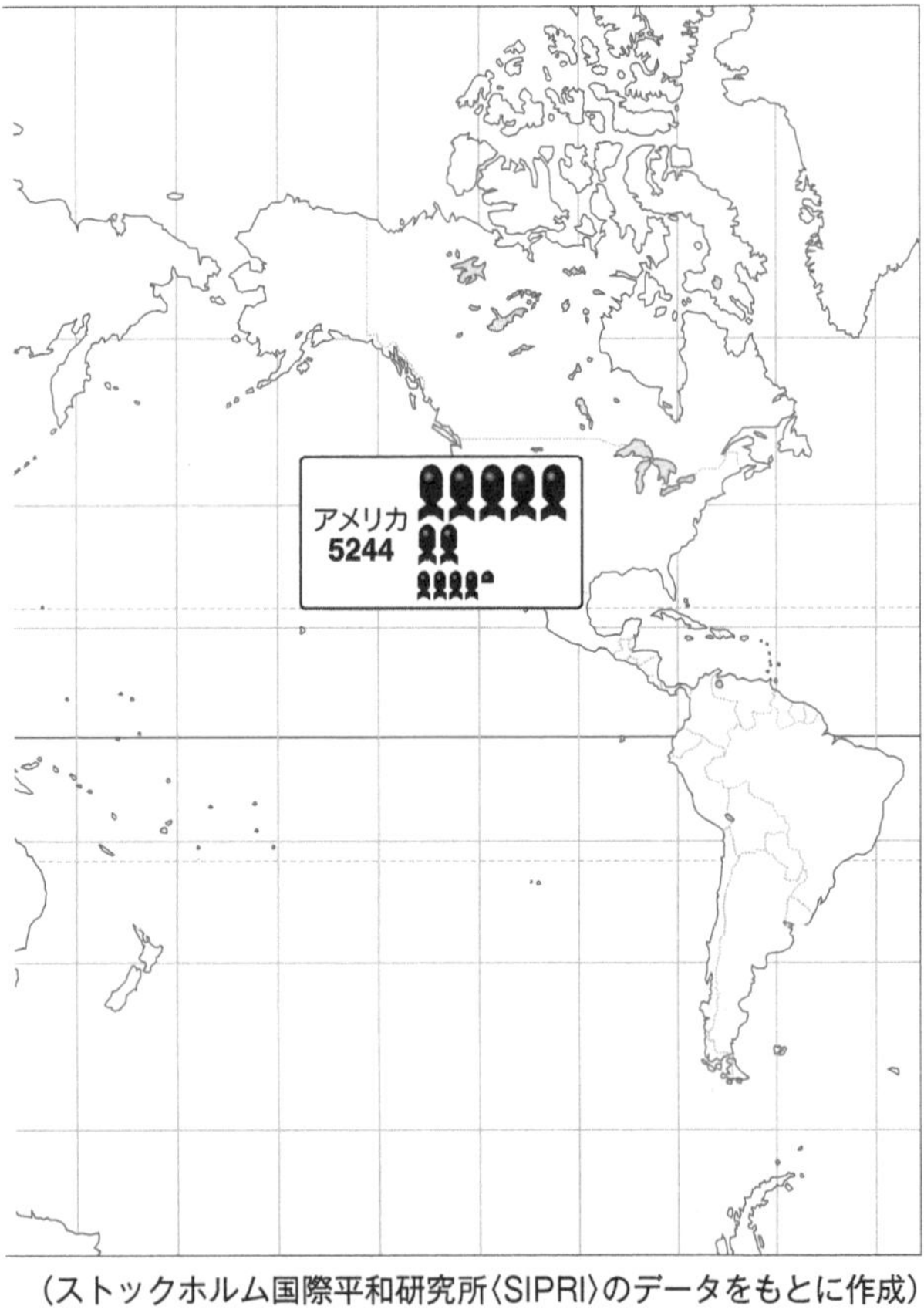


(ストックホルム国際平和研究所〈SIPRI〉のデータをもとに作成)

## ■核兵器保有数の現状（2023年1月現在）

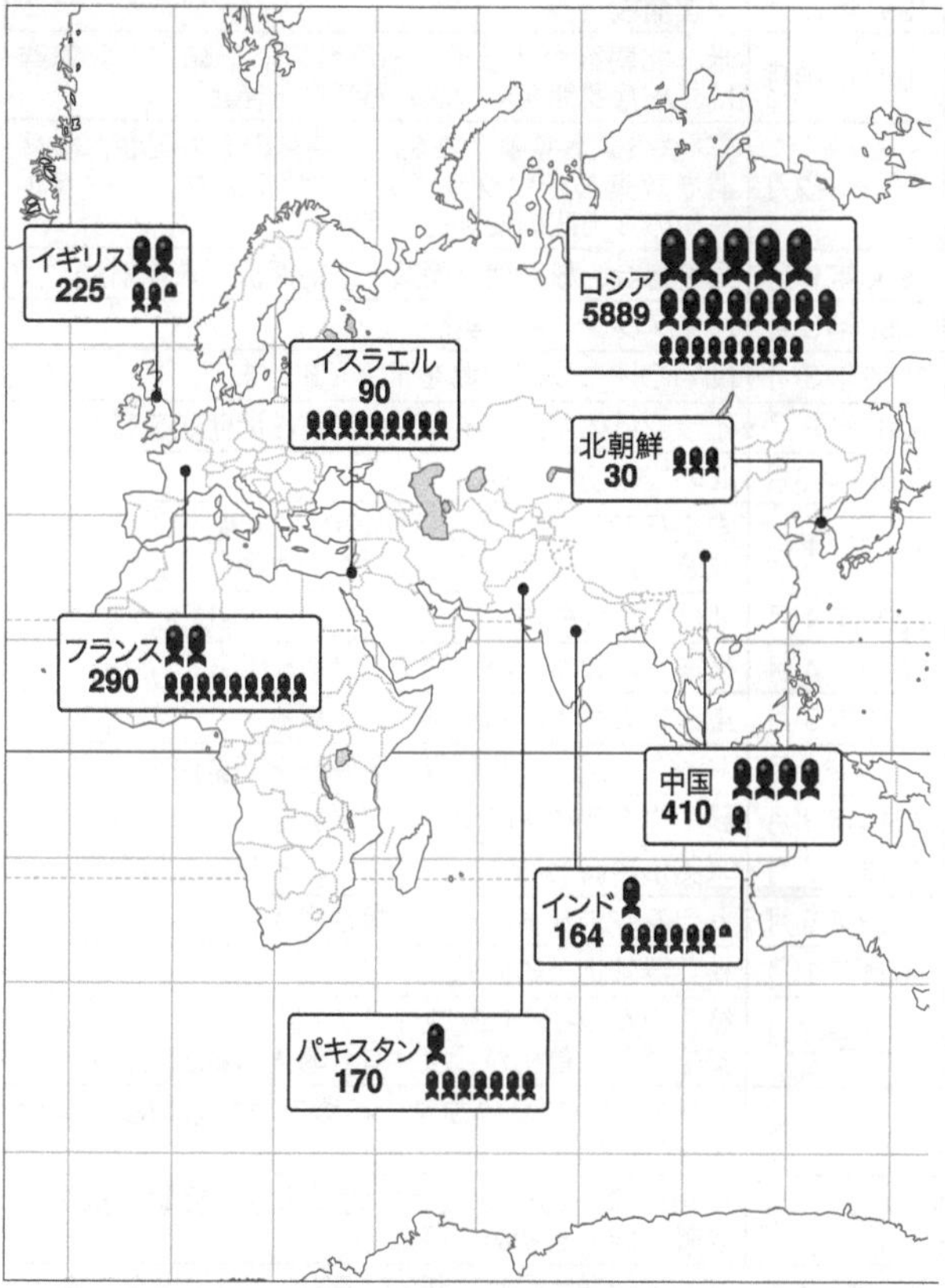

| 年　月 | 事　　案 |
|---|---|
| 1991年12月 | ソ連崩壊 |
| 1994年10月 | 米、北朝鮮が「米朝枠組み合意」を結ぶ。北朝鮮は、核兵器開発につながる活動を停止 |
| 12月 | 「ブダペスト覚書」署名。米英露の３カ国が、核兵器を放棄したウクライナ、カザフスタン、ベラルーシの３カ国の安全を「保証」 |
| 1996年９月 | 国連総会、核実験全面禁止条約採択（未発効） |
| 1998年５月 | パキスタン、初核実験 |
| 1999年３月 | NATO、コソボ空爆を開始（６月まで） |
| 2002年８月 | イラン反体制派、イランの秘密核開発を暴露 |
| 2006年10月 | 北朝鮮、初核実験 |
| 2007年１月 | 安全保障問題に詳しい米国の「四賢人」が、共同執筆した「核兵器の存在しない世界」を投稿 |
| 2009年４月 | オバマ米大統領、「核なき世界」の実現を提唱 |
| 2010年４月 | 米露、新戦略兵器削減条約（新START）締結 |
| 2011年３月 | 東日本大震災、福島第１原発事故 |
| ６月 | ドイツのメルケル政権、脱原発を閣議決定 |
| 2014年３月 | 露、ウクライナのクリミア半島を一方的に併合 |
| 2015年７月 | 米英仏中露とドイツの６カ国、イランと核合意 |
| 2018年５月 | トランプ米政権、イラン核合意から離脱 |
| 2021年１月 | 核兵器禁止条約発効 |
| 2022年２月 | 露、ウクライナに侵攻<br>安倍晋三元首相が「核共有」導入の議論を提起 |
| ８月 | 岸田政権、福島事故後、初めて原発を増設する政策を打ち出す |
| 12月 | 岸田政権、防衛３文書を閣議決定。反撃（敵基地攻撃）能力を初めて明記 |
| 2023年２月 | プーチン露大統領、新STARTの一時停止を宣言 |
| ４月 | ドイツが全原発を停止し、脱原発を達成 |

## ■世界の核をめぐる動き

| 年　月 | 事　　案 |
|---|---|
| 1942年８月 | 米、原爆開発を目指す「マンハッタン計画」開始 |
| 1945年７月 | 米、ニューメキシコ州で初核実験 |
| ８月 | 米、広島、長崎に原爆を投下 |
| 1949年４月 | 北大西洋条約機構（NATO）発足 |
| ８月 | ソ連、初核実験 |
| 1952年10月 | 英、初核実験 |
| 1954年３月 | 第五福竜丸がビキニ環礁沖で被曝、原水爆禁止運動始まる |
| ５月 | 米、モロッコを皮切りに核兵器の海外配備開始 |
| 12月 | 米、占領下の沖縄に核兵器配備（72年撤去） |
| 1957年10月 | ソ連、世界初の人工衛星「スプートニク１号」打ち上げ成功 |
| 12月 | 米、欧州諸国と「核共有」を開始 |
| 1960年２月 | 仏、初核実験 |
| 1962年10月 | キューバ・ミサイル危機 |
| 1963年８月 | 米英ソ、部分的核実験禁止条約締結 |
| 1964年10月 | 中国、初核実験 |
| 1967年12月 | 佐藤栄作首相、非核三原則に初めて言及（74年にノーベル平和賞を受賞） |
| 1970年３月 | 核拡散防止条約（NPT）発効 |
| 1971年11月 | 非核三原則を国会決議として採択 |
| 1972年５月 | 米ソ、第１次戦略兵器制限条約（SALT １）、弾道弾迎撃ミサイル（ABM）制限条約締結（2002年失効） |
| 1974年５月 | インド、初核実験 |
| 1980年代半ば | イラン、核開発に着手 |
| 1986年４月 | チェルノブイリ原発事故 |
| 1987年12月 | 中距離核戦力（INF）全廃条約締結（19年失効） |
| 1989年11月 | ベルリンの壁崩壊、東西冷戦終結へ |

図版作成　小林美和子
ＤＴＰ　オノ・エーワン

# 第一章　核共有は日本の安全保障を本当に高めるのか

## （１）議論の始まり

１９４５年８月に広島、長崎で原爆が使われて以降、77年間に及び「使ってはいけない兵器」とされていた核兵器。２０２２年は、それが「使えるかもしれない兵器」に転じた年となった。

きっかけは２月に始まったロシアによるウクライナ侵攻だ。ロシアのプーチン大統領は開戦を宣言した２月24日の演説で「ロシアは核保有国のひとつだ」と発言し、侵攻を邪魔立てする国々には核兵器を使い報復する構えを見せた。もしかすると、これは歴史の分岐点となるかもしれない。私はそう受け止めた。

これまでも各国のリーダーが核兵器を脅しに使った例はある。例えば、トランプ米大統領は17年、北朝鮮が米国を射程内に捉《とら》える大陸間弾道ミサイル（ＩＣＢＭ）実験を重ねた際に「北朝鮮を完全に破壊する以外選択肢はない」と、核兵器による報復を示唆。さらに18年１月にも、金正恩《キムジョンウン》・朝鮮労働党委員長が執務室の机に「核のボタンがある」と挑発すると、トランプ氏は「私の（ボタンは）は彼のよりもっとずっと大きくパワフルだ。そして私のボタンは機能する」と応酬を重ねた。

プーチン氏、トランプ氏、金氏の発言は、いずれも核兵器を脅しに使う点では変わりない。ただ、プーチン氏の発言は実際にウクライナに武力侵攻を始めた際に飛び出したという点で、より重たい発言だ。核兵器保有国の指導者が、ここまで露骨な表現で核兵器を脅しに使った例はこれまで無い。

実はそのプーチン氏は、侵攻2カ月ほど前に正反対のメッセージを世界に向けて発出していた。米ニューヨークの国連本部で開幕する核拡散防止条約（NPT）再検討会議（新型コロナ禍を受けて22年1月から8月に4度目の延期）の直前、米英仏中の核兵器保有国とともに連名で「核戦争には勝者はいない」との共同声明を発表していた。

唯一の戦争被爆国である日本の人々も、プーチン発言に激しく動揺する。その代表例は、ロシア軍の侵攻開始から3日後の2月27日にあった自民党の安倍晋三《あべしんぞう》元首相の発言だろう。

安倍氏はフジテレビの番組で、ドイツなど北大西洋《きたたいせいよう》条約機構（NATO）諸国の一部と米国が採用している「核共有」を日本も導入するかどうか、議論を始めるべきだとして、こう提案した。

「世界はどのように安全が守られているか。日本の国民の命、国をどうすれば守れるか、さまざまな選択肢を視野に入れて議論するべきだ」

安倍氏が触れた核共有は、端的に言えば、欧州などに米国の核爆弾を配備し、有事の際は配備した国の戦闘機がこれを載せて出撃するという仕組みだ。冷戦時代の1950年代後半から始まり、現在はNATOに加盟するドイツ、オランダ、ベルギー、イタリア、トルコの五カ国に核爆弾が配備されている。安倍氏が、これと同様のものを念頭に置いていたとすれば、日本での核共有は、在日米軍基地などに米国の核爆弾を配備し、有事の際は航空自衛隊の戦闘機に搭載するイメージとなる。

この提案は、新聞やテレビのほかSNSでも広がりを見せるなど反響を呼んだ。多くの読者や視聴者にとっては、「核共有」という言葉自体が初耳だったこともあり、誤解を含め、さまざまな解釈が飛び出した。

安倍氏の提案に、被爆地・広島出身の岸田《きしだ》文雄《ふみお》首相は慎重な構えをみせた。首相は、日本には非核三原則があることを理由に「政府としては（核共有を）議論することは考えていない」と国会で答弁した。ただ「国民的議論があるべきだ。我が国の安全保障に資する議論は行われるべきだと一般論として考えている」とも述べ、安倍氏の政界での影響力を考慮し、党内での議論は容認する考えを示した。

私は、核共有論議の提起は、米国が日本に差し掛けている「核の傘」が、「破れ傘」となり、機能していないのではないかとの疑問を投げかけたものと受け止めた。核の傘については後に詳述するが、核共有の議論の行き着く先は、日本の核武装論にたどりつくはずだ。使い物にならない「破れ傘」を諦《あきら》め、自分の傘（核兵器）を持とうという議論になる。

日本では１９６０年代後半、米英仏中ソの五カ国以外には核兵器の保有を認めないＮＰＴへの加入をめぐる際も、核武装論が議論になったことがある。自民党のタカ派議員らが、「この条約は不平等だ」と反発し、日本も核武装を探るべきとの主張が飛び出した。だが、日本が核武装を目指せば、核兵器を保有する米英仏中ソが、自分たちの「特権」を守ろうと、総力を挙げて日本の動きをつぶしにくるのは確実と判断し、この議論はついえた経緯がある。

主張は勇ましいかもしれないが、核武装を目指せば、日本は世界の孤児となる。核共有については、以下で議論していくが、私の結論を先に述べると、核武装論につながる主張は、責任感のない幼稚な人たちの考えだと思っている。

バイデン米政権は「核兵器の役割をできるだけ減らしたい」と考えている政権だ。日本などとの核共有や極東への核兵器再配備にカジを切る可能性は極めて少ないと私は見ている。

とはいえ、ロシアのウクライナ侵攻や、相次ぐ北朝鮮のミサイル実験、そして、中国の目を見張るような軍備増強に直面し、日本国民の多くが不安を感じているのも事実だ。その中で、核共有は日本の安全保障環境の向上に資するのか。検討すべき選択肢は何で、それらには、どんな落とし穴が待ち構えているのか。本章では、そうしたことを考える際に参考となる事象や議論をできるだけ網羅的に紹介したいと思っている。

核共有を考える上での最初のポイントは、日本の国是である非核三原則だ。核共有を議論する上で、避けては通れない。

非核三原則という考えが初めて打ち出されたのは、67年12月11日の衆議院予算委員会での佐藤栄作《さとうえいさく》首相の答弁だった。佐藤氏は「核兵器を持たず、作らず、持ち込ませず」と表明、これが後の非核三原則に発展する。佐藤内閣は当時、米国と沖縄返還交渉を進めていた最中だった。米国が沖縄に配備している核兵器をすべて撤収し、日本本土と同様の状況を達成しようと「核抜き本土並み」での返還を目指していた。

首相答弁から4年後の71年11月24日、国会は沖縄返還協定を承認するとともに、非核三原則を国会決議として採択する。以降、非核三原則は国是となる。佐藤氏は74年、非核三原則を導入した功績で日本人では初めてノーベル平和賞を受賞する。

やや余談となるが、佐藤氏の本音は、非核三原則とはまったく逆にあったようだ。65年1月、ワシントンであった日米首脳会談の際に佐藤氏は「個人的には、中国が核兵器を持つならば、日本も核兵器を持つべきだと考える。ただし、このことは日本国内の感情ではないので、非常に内輪でしかいえないことである」と述べている。楠田實《くすだみのる》首相秘書官が書いた「楠田日記」によると、佐藤氏は68年9月16日、料亭に向かう車中で「いっそ、核武装すべきだと言って辞めてしまおうか」と胸の内を吐露した。それに対し、楠田氏が「それはちょっと早いですよ」と諫《いさ》めたというエピソードが記されている。

話を戻そう。戦後、日本にも多くの核兵器が配備されていた時代があった。正確には、それは、米占領下の沖縄だった。

72年の沖縄返還からすでに半世紀。若い世代の人たちと話すと、米国占領下時代の沖縄の記憶が風化しつつあると感じる。沖縄に米軍の核兵器が多数配備され、極東最大の核兵器配備基地だったという事実も忘れ去られてしまった歴史のひとつかもしれない。

沖縄への核兵器配備が始まったのは、54年9月に中国が台湾を砲撃した第1次台湾海峡危機がきっかけだった。それを踏まえ、米国は12月から沖縄・嘉手納《かでな》基地への核兵器配備を始める。東西冷戦の最前線として、ソ連と激しい緊張関係が続いていた西ドイツへの核配備よりも3カ月早い配備だった。アジアでは51年6月のグアムに次ぐ2番目となる。当時のアイゼンハワー米政権は、核兵器を「使える兵器」と位置づけ、前線に配備する「大量報復戦略」を採用、アジアや欧州の最前線に核兵器配備を始めていた。

アジアでは57年12月にフィリピン、58年1月には韓国、台湾へと核配備が進む。当時、台湾（中華民国）は国連安全保障理事国の座にあった。72年2月のニクソン米大統領の訪中で米中関係が正常化に向かったのを機に、米国は台湾に配備していた核兵器を74年7月までに撤収する。台湾に核兵器が配備されていたという事実は、中国通の記者でも知る人が少なくなっている。

61年1月に発足したケネディ政権時代には、沖縄配備の核兵器の種類が増えた。地対地ロケット弾「オネスト・ジョン」や、無反動砲「デービー・クロケット」、地対地巡航ミサイル「マタドール」など19種類に達した。ベトナム戦争が泥沼化したジョンソン政権時代の67年には、沖縄への核配備数は1287発と過去最多を記録した。沖縄は、極東最大の核兵器配備基地であり続けた。秘密が解除され、ネット上にも公開されている米国の公文書を読むと、米国は沖縄配備の核兵器を、朝鮮半島や台湾有事、そしてベトナム戦争に使う検討を重ねていたことがわかる。

時代を現代に移そう。安倍元首相の発言をきっかけに、自民党にとどまらず日本維新の会や国民党など野党でも核共有の議論が始まった。日本維新の会の馬場伸幸《ばばのぶゆき》共同代表は、非核三原則のひとつである「持ち込ませず」の削除を議論すべきと訴え、二原則にすることで核共有を実現するとの主張も始めた。一方、自民党と連立政権を組んでいる公明党は「非核三原則」を理由に核共有に反対の姿勢を示した。政府が22年12月に閣議決定した、戦後の防衛政策の大転換となる防衛3文書に核共有は盛り込まれなかった。

広島出身の岸田氏が政権にとどまり、米国でも核拡散を嫌う民主党政権が続く限り、日本で核共有が実現する可能性は薄いだろう。ただ、「独自の核武装はともかく、米国との核共有ぐらいは許容範囲」と考える人も日本の政治家や官僚の中には多く、将来までは見通せない。

韓国では、ミサイル実験など北朝鮮による挑発を受けて、米国との核共有実現や、91年に撤去した核兵器の再配備を求める声が高まる一方だ。23年1月には、尹錫悦《ユンソンニョル》大統領が韓国独自の核兵器保有を目指す考えを示すなど核兵器をめぐる議論が活発になっている。

次節では、日本にとって核共有を導入するメリット、デメリット、そして、欧州で核共有が始まった経緯や現状を探っていく。

## （2）核共有とは何だろう

正式には「ニュークリア・シェアリング・アレンジメント」、日本語では「核共有」と表現するシステムは、その表記も含め非常に理解が難しい概念だ。

「共有」という言葉を辞書で引くと、「二人以上がひとつの物を共同して所有すること」とある。しかし核共有は、米国と配備国が核兵器を共同保有するわけではなく、核兵器はあくまでも米国の所有物（財産）という点を押さえる必要がある。

シェアリングという言葉をヒントに考えると、カーシェアリングという言葉が浮かぶ。レンタカーと似て、条件さえ合えば、米国から核兵器をいつでも「借りる」ことができるシステムのようにも思える。だが、それも違う。

では、何を共有するのか。専門家の答えは「核抑止の利益と責任、そしてリスク」となる。だが、そんな説明を聞いてピンとくる人がいるとは思えない。以下に紹介する3つがポイントとなる。

一つ目は、「平時は米国が核兵器を管理し、有事の際に限り核兵器を配備国に手渡す仕組み」という点だ。核兵器を配備すれば核抑止が働き、他国から攻撃を受けにくくなる状況が生まれる、これが「利益」となる。

二つ目は、「配備国が『使いたい』と言うだけでは使えず、米国の同意を取り付ける必要がある」という点だ。核兵器の乱用を抑える「責任」あるシステムと言える。

三つ目は、「有事の際、敵対国が核兵器を保管する施設に先制攻撃を仕掛ける『リスク』がある」点だ。核共有にはメリットもあれば、デメリットもある。

では、核共有の現状はどうなっているのか。米国はすでに、NATOに加盟するドイツ、オランダ、ベルギー、イタリア、トルコの五カ国と核共有を実施している。そして、核兵器の使用や運用には、米国と配備国の二カ国だけでなくNATO全体が深く関与する。核兵器が配備されている五カ国以外のNATO加盟国も核兵器の運用や情報を共有し、有事の際は、核爆弾を搭載して戦地へと飛び立つ戦闘機の護衛や空中給油などを引き受ける役割を負う。NATO諸国は、毎年、実戦を想定した訓練を重ねており、22年も10月にベルギーなどで実施された演習には14カ国が参加した。

米国が現在、核共有をするため核爆弾を配備する基地は、ドイツのビューヘル、ベルギーのクライネ・ブローゲル、オランダのフォルケル、イタリアのアヴィアーノとゲーディ、トルコのインジルリクの各空軍基地で、イタリアだけが2カ所の基地を使う。

米軍はこれらの国々の空軍基地内に戦闘機を収納できる円蓋《えんがい》付きの格納庫を数十基設置、その地下に通常は2発、最大4発の核爆弾を保管している。有事の際は、米軍や配備国の戦闘機がこの格納庫内で核爆弾を装着する。

欧州に配備する核爆弾は冷戦終結後に徐々に減り、米国の核専門家ハンス・クリステンセン氏によると、現在は過去最低の約100発となったと見られる。現在、配備されているのは「B61」型核爆弾で、爆発威力は広島に投下された原爆（15キロトン）を下回る0・3キロトンから、3倍以上の50キロトンまで4種類ある。22年12月から、最新型の「B61－12」配備を始めた。

核爆弾を使用するには、それを載せる戦闘機が必要となる。現在、その数は米国と五カ国を合わせて約１００機で、米空軍はF15EとF16戦闘機、ドイツとイタリアはフランス製のトルネード（PA－２００）戦闘機、その他の国々はF16戦闘機だ。F15Eには最大5発、その他の戦闘機には最大2発の核爆弾が搭載できる。近い将来、トルコを除く四カ国は最新鋭のF35A戦闘機を導入する予定だ。

前段で触れた核共有の三つのポイントでも記したが、核兵器は配備国の一存では使用できない。欧州の核配備国はいずれもNATO加盟国であるため、核兵器使用はNATOが協議して決め、それを米大統領と英首相が承認する手続きが必要となる。核爆弾投下の際に6～12桁《けた》のコードをコンピューターに入力するが、核兵器乱用を防ぐため、コードは米国と配備国が半分ずつ持ち合う「ダブルキー・システム」を採用している。

では、核共有のメリットは何だろう。米国は、軍事的効果より同盟国の信頼を維持し、安心感を与える心理的な効果の方が大きいと見ている。最も見えやすい形の「核の傘」という位置づけだ。それに加え、配備国にある「自国の核兵器を持ちたい」という気持ちを抑え込み、核拡散を防ぐ重要なツールという側面もある。

核共有に意味を見いだした米国は１９６０年代にインドにも導入を働きかけたことがある。これはほとんど知られていない。米国は、中国が初の核実験に踏み切った2日後の64年10月

18日にインドに核共有を打診する。インドは中国と国境問題を抱え、62年10月に軍事衝突した際に、米国に支援を要請した経緯もある。米国は中国核実験で劣勢に立ったインドに手を差し伸《の》べようと、核爆弾を載せる戦闘機の改修やパイロット訓練を提案した。

だが、インドの答えはノーだった。当時の多くのインドの政治エリート層は、米ソ両陣営のどちらにもくみしない非同盟主義に固執していたからだ。インドはその後、独自に核兵器を開発する道を歩み、74年に初核実験を実施する。米国は核共有の実現で核拡散防止を狙ったが、インドでは空振りに終わってしまう。

核共有は米国に限った話ではない。中東通しか知らない話もある。パキスタンとサウジアラビアの核共有密約説だ。パキスタンは宿敵インドに対抗しようと核兵器を開発、98年に初めての核実験を実施した。イスラム教国では唯一の核保有国で「イスラムの核」とも呼ばれる。開発費用は「イスラムの盟主」を自任するサウジが手当てしたというのが通説だ。両国の関係は、サウジが「金持ちの叔父《おじ》」、パキスタンは「貧乏なおいっ子」にたとえられる。支援を受けたパキスタンは見返りに、有事の際に核兵器をサウジに手渡す「密約」を結んだのではないだろうか。そんな臆測《おくそく》が根強くある。

「密約」の存在を匂わせる兆候は多い。核実験の1年後にサウジ国防相がパキスタンを訪れ、核計画のカギとなるウラン濃縮施設を視察したほか、サウジは核兵器も搭載できる弾道ミサイルの購入を中国から続けている。

サウジは87年に中東全域を射程内に収める飛距離が約4000キロもある準中距離弾道ミサイル「CSS2（東風3A）」を中国から購入した。それから27年もたった14年4月、クウェートに近い北東部ハフルアルバディンでの軍事パレードでそれを初めて公開した。その際、貴賓席にはサウジや各国の王族に交じり、パキスタン軍のシャリフ参謀総長が列席したことから「密約説はやはり本当だった」と考える専門家が増え始めた。

その一方で「サウジとパキスタンの絆《きずな》は思っていたよりも深くはない」との見方もある。

サウジ国防相に就任したばかりのムハンマド現皇太子は15年3月、隣国イエメンの反政府派のイスラム武装組織「フーシ」を制圧しようとイエメン空爆を始めた。サウジは、各国と十分な調整をしないまま「連合軍」を結成したと表明、地上部隊の柱にパキスタン軍を据える考えを打ち出す。しかし、パキスタン政府は「議会から承認を得られない」ことを理由に参戦を拒否した。

パキスタン政府は、参戦すれば、パキスタンと長い国境を接するイランとの関係がこじれかねないと見た。イランは、武器や資金を提供するフーシの有力な後ろ盾であるからだ。サウジとイランの戦いに巻き込まれることは避けたい。そんなパキスタンの対応を見て、専門家の間では「もっと重要となる核兵器の共有など、両国の間には存在していないのでは」との見方も浮上している。

パキスタンの参戦見送りにより、地上部隊の投入で一気にフーシを叩《たた》きつぶすことをもくろんでいたムハンマド氏の野望はついえる。この読み違いは、「数週間で終わる」と見てウクライナへの侵攻を始めたロシアのプーチン大統領の姿に似る。サウジとフーシとの戦争は、9年目に入った23年になっても出口が見えない状態にある。戦争は始めるのは簡単だが出口は難しい。ウクライナでの戦いが同様の轍《てつ》を踏まないよう願うばかりだ。

## （3）欧州核共有の歴史

核共有は1950年代末から欧州で始まった。そのきっかけは何だったのか。本節では、核共有が始まった背景や歴史的経緯を探る。

きっかけは、53年に発足した米国のアイゼンハワー政権が、有事の際はためらうことなく核兵器を使う「大量報復戦略」を採用したことにある。第2次世界大戦後、西側諸国は大幅に軍備を削減したが東側諸国は戦力を維持したため、東西冷戦の最前線である欧州ではソ連の地上戦力が圧倒的に優位な状況にあった。

米国は、東側の地上軍は175師団（1師団当たり数千人～1万人）で、NATO軍の7倍にも当たると分析していた。ダレス米国務長官は54年4月にあったＮＡＴＯ理事会で、東西の軍事格差を指摘、核兵器を「通常兵器」のように使わない限り「欧州の防衛は不可能に近い」と危機感を訴えた。

「大量報復戦略」が導入できたのは、米国が核ではソ連を圧倒していたからだ。当時、ソ連が保有する核兵器は50発足らずだったが、米国には約１０００発もあった。実際、ソ連側もそのことに危機感を持っていたようで、53年から64年までソ連共産党の第1書記を務めたフルシチョフ氏は回顧録で「（スターリンは）米国との戦争を恐れていた。我が国には核兵器はほんのわずかしかなかったが、米国には大量の核兵器があった」と記している。

そして、米国は54年9月に英国を手始めに欧州に核配備を始める。翌55年3月には西ドイツでも配備が始まった。だが、米国が海外初の核兵器配備に選んだ国は、英国ではなく北アフリカのフランス領モロッコだった。54年5月に核配備を始め、63年9月まで続けた。この史実を知る人は少ない。

なぜモロッコが選ばれたのか。それは「ソ連と戦争をすれば、欧米軍はフランスとスペインの間にあるピレネー山脈の奥に追いやられる」という分析があったためだ。

米国は46年3月、第3次世界大戦を想定した対ソ戦争計画「Pincher Plan」を作成する。欧州ではソ連軍が破竹の勢いで進軍し、欧米軍は欧州とピレネー山脈の向こう側、つまりスペインに追いやられる事態を迎えると分析した。翌47年の改訂版では、最高高度が３４００メートルに達する峻険《しゅんけん》なピレネー山脈をもってしてもソ連軍の進軍は阻止できず、開戦から45日後にスペインを含む欧州が「陥落」すると見た。米国が真っ先にモロッコに核兵器を配備したのは、恐らくこうした事態に備え、米国は欧州ではなく対岸の北アフリカを選んだと想定される。

欧州に核兵器配備を始めた当初、米国は核兵器の管理から運用まですべてを握っていた。しかし、米国は57年を機に、欧州諸国との「核共有」に踏み出し始める。方針変更の裏には、米国と欧州の関係を根底から揺さぶる複数の大事件があった。米国はギクシャクした欧米関係を立て直す「切り札」に核共有を使った。

最初の大事件は、56年のハンガリー動乱だった。第2次世界大戦後にソ連の衛星国となったハンガリーは、私のインタビューに応じたポーランド映画界の巨匠、アンジェイ・ワイダ監督によると「東欧で最も自由の空気が満ちていた」。そうした下地もあり民主化運動が高まる。ハンガリーの国旗は赤、白、緑の三色旗で、中央には戦前は王冠と紋章、社会主義時代はハンマーと麦が描かれていた。民主化を求める勢力は抗議のしるしとして、ハンマーと麦の部分をくりぬいた旗を掲げた。ウィーン特派員時代、取材で訪ねた首都ブダペストの国会議事堂前の広場には、この旗がはためいた。

56年11月1日、ハンガリーのナジ政権はソ連圏諸国で形成する軍事同盟、ワルシャワ条約機構からの離脱を宣言する。激怒したソ連は鎮圧するため戦車部隊を派遣した。こうした動きに対し、自由主義陣営のリーダーである米国の対応に注目が集まったが、米国は援軍を送る姿勢すら見せず民主化勢力を見殺しにしてしまった。

エジプトではスエズ危機が勃発《ぼっぱつ》する。発端は、同年6月に就任したばかりのナセル大統領がスエズ運河の国有化を宣言したことにある。運河の運営に深く関与してきた英仏両国が合同軍を結成、10月31日からエジプト空爆を始めた。

米国は、この事案では英仏ではなく、ソ連と組んだ。共闘した米ソ両国は、国連特別総会で即時停戦を求める総会決議を採択に持ち込む。英仏両国は仕方なく停戦を受け入れた。スエズ運河を失い、イーデン英首相は辞任に追い込まれた。

欧州諸国は、こうした米国の一連の対応を「裏切り」と受け止めた。核兵器を持つ米ソ両国が組めば、欧州諸国の意向など勘案されずに命運が決まっていくことも欧州は悟った。屈辱的な事態を前に、欧州諸国のプライドはズタズタに切り裂かれていく。

さらに追い打ちをかける事件が1年後の57年10月に起きた。ソ連は世界初の人工衛星「スプートニク」の宇宙空間への投入に成功、大陸間弾道ミサイル（ＩＣＢＭ）の技術を取得する。「スプートニク・ショック」として知られる事件だ。米国本土もソ連の核攻撃を受ける可能性が生まれ、欧州でソ連との紛争が起きた際、米国が軍事介入しにくい状況が生まれた。「パリのために米国は核兵器を使うだろうか？　いや、米国はニューヨークを守るため、パリを見捨てるに違いない」

欧州の人々に第2次世界大戦中の苦い記憶がよみがえる。40年6月にパリが陥落しても、ロンドンへの空爆が始まっても、米国は伝統的な孤立主義にこだわり参戦を見送った。欧州はスプートニク・ショックを機に「米国は再び孤立主義に戻るのでは」とおびえる。もし、米軍が欧州から引き上げれば、欧州は圧倒的な軍事力を誇るソ連の軍門に下るしかない。なんとかしなければならない。そんな切羽詰まった思いが米国と欧州の核共有を作り上げていく。

日本が米国の「核の傘」に守られているように、欧州も核の傘に守られているのではないのか。なぜ、そんなにまで欧州は焦ったのか。そう考える読者もいるかもしれない。そう思われたあなたは、かなりの事情通だろう。だが、当時の米国は、まだ「核の傘」を欧州に差し掛けるのに必要なＩＣＢＭなど、長距離を飛ぶ核ミサイルを持っていなかった。

そうした中で、もともと米国に強い不信を抱いていたフランスは、自らの核武装に走り出す。フランスは54年、ベトナム（当時は仏領インドシナ）の命運を決めたディエンビエンフーの戦いの際、米国に再三に渡り援軍を要請したものの断られ、手痛い敗北を喫した。以降、

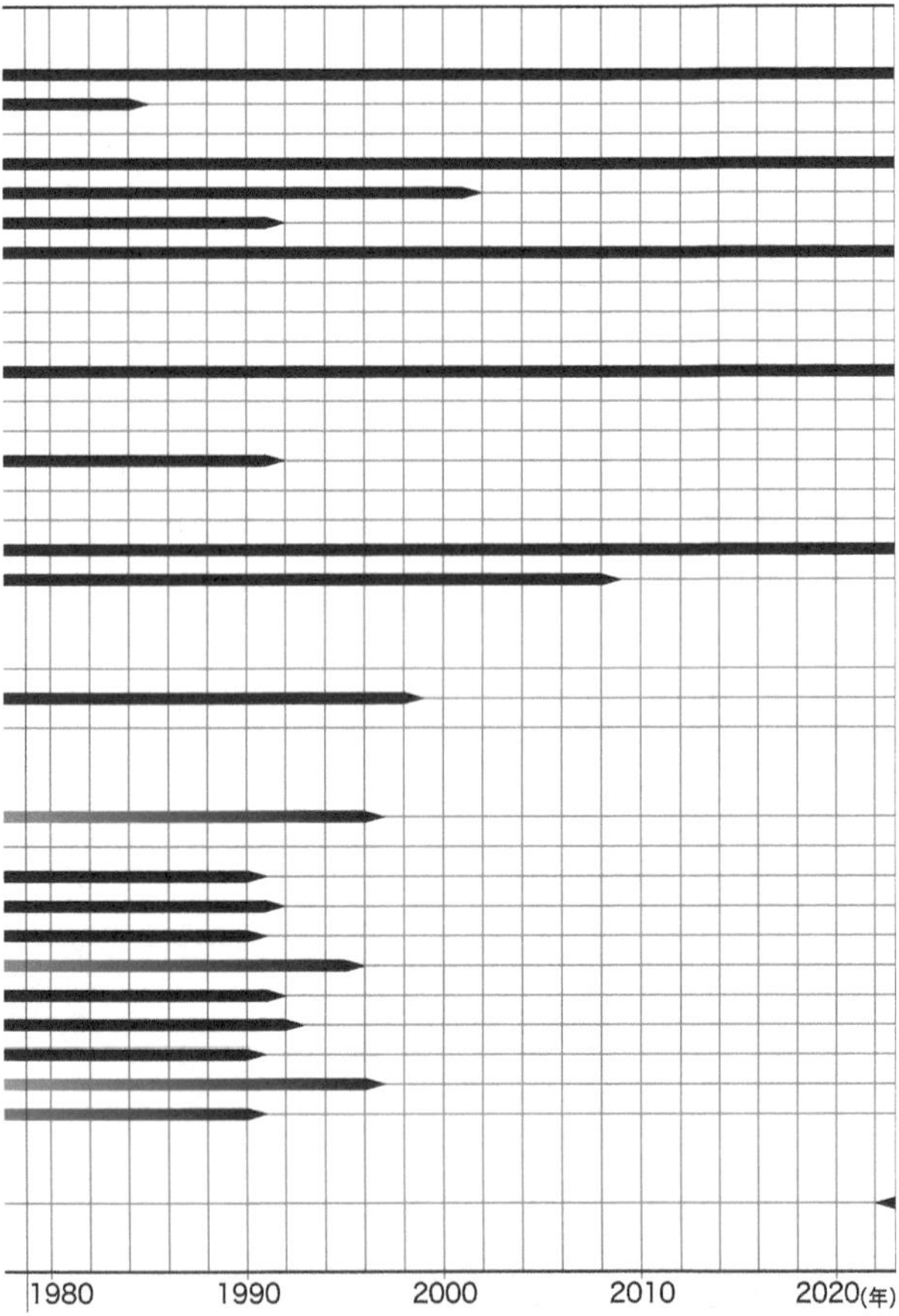


米ソ(露)英の年ごとの核兵器の配備状況(Bombs away: Confronting the deployment of nuclear weapons in non-nuclear weapon countries, Bulletin of the Atomic Scientists By Moritz Kütt, Pavel Podvig, Zia Mian | July 28, 2023 をもとに作成)

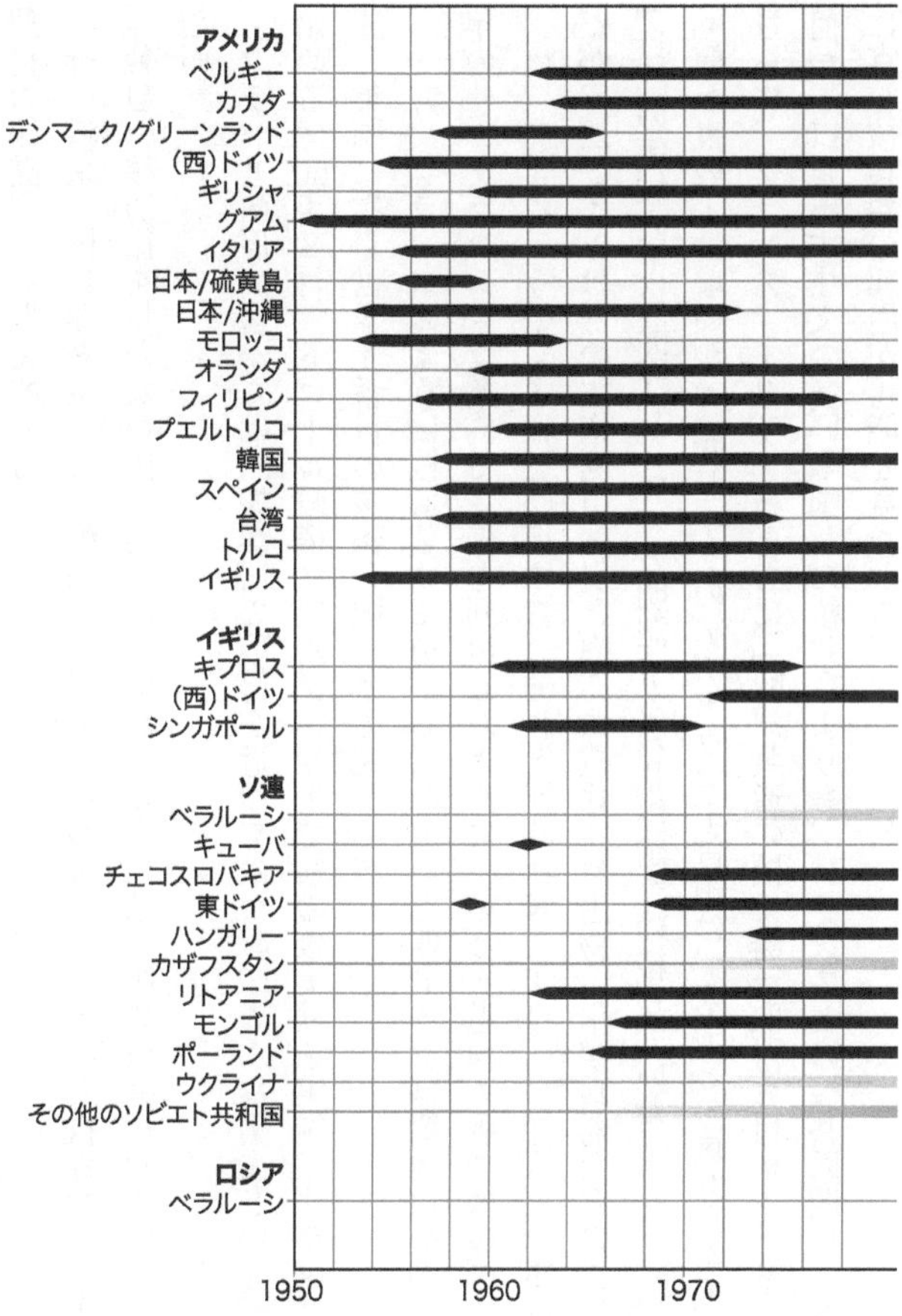
アメリカ
ベルギー
カナダ
デンマーク/グリーンランド
(西)ドイツ
ギリシャ
グアム
イタリア
日本/硫黄島
日本/沖縄
モロッコ
オランダ
フィリピン
プエルトリコ
韓国
スペイン
台湾
トルコ
イギリス
イギリス
キプロス
(西)ドイツ
シンガポール
ソ連
ベラルーシ
キューバ
チェコスロバキア
東ドイツ
ハンガリー
カザフスタン
リトアニア
モンゴル
ポーランド
ウクライナ
その他のソビエト共和国
ロシア
ベラルーシ
1950
1960
1970

独自の核開発を見据え始める。

「近い将来、核兵器を生産し、配備する能力を持つ国だけが大国を自称できるようになる」

「独自の核防衛を持たない国の運命は、消滅するか、核大国の奴隷になるかのいずれかしかない」

フランス政府高官からは、核兵器の取得が近づくにつれ、こんな勇ましい発言が飛び出し始める。60年2月、ドゴール政権はアルジェリアで初の核実験を実施、フランスは米国、ソ連、英国に次ぐ世界4番目の核保有国に名を連ねた。

一方、フランスのように核武装する道が断たれていた西ドイツは窮地に陥った。日本が51年のサンフランシスコ条約で主権を回復したように、第2次世界大戦の敗戦国である西ドイツは、55年にようやく主権を回復する。それと同時にNATOへの加入と再軍備を果たした。だが、西ドイツはその主権回復と引き換えに核兵器や生物・化学兵器などの大量破壊兵器を「自国の領域内では開発しない」と明記するパリ協定を締結していた。

「何か良い手はないか」。西ドイツのアデナウアー首相は、米国との核共有を模索し始める。さらに、フランス、イタリアとともに「欧州共通の核兵器」取得も目指す。細かいことまで何かと口を出す注文の多い米国との核共有よりも、フランスとの核共同開発の方が、柔軟性に富む核兵器の運用が可能と見たからだ。

そうした動きが実を結び、58年4月、独仏伊の三カ国国防相は、フランス南部のピエールラットに濃縮ウラン製造施設を共同で設けることに合意する。濃縮ウラン製造は、核兵器への使用を見据えたものだ。費用分担も45対45対10と決まった。西ドイツは核兵器取得に向け一歩を踏み出した。

だが59年1月、「国力の源は核兵器と原子力にある」と主張するドゴール氏がフランス大統領に就任、自国の核武装を最優先する方針を打ち出す。この結果、「欧州共通の核兵器」計画は白紙に戻り、西ドイツの野望はついえた。

欧州各国の核武装の動きを見て、米国も重い腰を上げた。「スプートニク・ショック」などで揺らいだ米欧関係の修復に動き始める。米軍制服組トップの統合参謀本部議長は59年11月、欧州諸国との核共有を始めることを国防長官に提案、翌12月にパリであったNATO首脳会議で核共有に道を開く「核備蓄制度」の創設が決まった。また、ICBMを配備するまでの「時間稼ぎ」の意味も込め、核弾頭を載せる中距離弾道ミサイルを英国、イタリア、トルコの三カ国に配備することも決め、欧州を核兵器で守る体制を強化する。

米国は58年に原子力法を改正、NATOなど同盟諸国との核兵器使用訓練や情報提供が可能となっていた。訓練や研修参加者は59年までに2200人に達した。有事の際、核爆弾を搭載する戦闘機の運用も始まるなど、今に続く、欧州での核共有が本格始動した。

## （4）生き残った核共有

１９５０年代後半から始まった米国と欧州諸国との核共有は、東西冷戦の終結や91年末のソ連崩壊で大きな転機を迎えた。戦うべき相手がいなくなった以上、核共有は役目を終えたはずだ。だが、核共有は生き延びる。なぜそれが可能となったのか。

ソ連崩壊が近づきつつあった91年9月27日、ブッシュ（父）米大統領は、アイゼンハワー政権が導入した核兵器の前線展開をやめる決断を下す。当時、米国は欧州や韓国などに約５０００発もの核兵器を配備していたが、戦術核兵器２１５０発、潜水艦を含めた水上艦や海軍機に配備する「核トマホーク」など１４００発、合わせて３５００発以上を米本土に撤収する「大統領核イニシアチブ（ＰＮＩ）」を打ち出した。

ソ連もこれに同調する。核砲弾や、戦術ミサイルに搭載する核爆弾、核地雷の廃止を決めたほか、海上艦などに配備していた核兵器も撤収した。ソ連崩壊後もロシアのエリツィン大統領はこの流れを引き継ぎ、冷戦終結時には約2万１７００発あったソ連の戦術核兵器は、十分の一以下の約２０００発にまで減少する。廃棄された核兵器の多くは解体され、薄められた上で原子力発電所の核燃料に使われた。

だが、核兵器の大幅削減を目指す動きはそこで止まる。ＮＡＴＯは91年10月に開いた会合で、核共有用に欧州に配備している核爆弾の数を１４００発から７００発に半減することには合意したが、核共有廃止には踏み込まなかった。

一方、冷戦を終結させたことなどを評価され、ノーベル平和賞を受賞したゴルバチョフ氏はその2カ月後にオスロであったノーベル賞授賞式での演説で「世界を巻き込んだ核戦争のリスクは現実には消え去った」と強調、新しい時代にあった新しい枠組みを導入しようと訴えた。

ゴルバチョフ氏は、かねてから米ソ両国と東西両陣営に属していた諸国が、共存して平和に暮らす「欧州共通の家」を実現しようと呼びかけていた。冷戦が終わり、ＮＡＴＯと対峙《たいじ》していたワルシャワ条約機構の解体を決め、チェコスロバキア、ポーランド、ハンガリー、東独、モンゴルの五カ国に配備していた核兵器や東欧諸国に展開していたソ連軍の撤収も始まっていた。欧州の核兵器を全廃するまたとないチャンスが到来した。演説からは、そんな思いが読み取れる。

だが、米国は絶好とも言える機会を逃してしまう。私はこうした流れの中でも、核共有を続けた米国におごりと甘えを感じる。「ソ連亡き今、米国だけが世界唯一の超大国になった。何をしても許されるはずだ」という思いが透ける。

私が米国特派員時代に取材したボストン大学のバセビッチ教授（国際関係論）はこう指摘した。

「冷戦終結後、米国では『唯一の超大国』や『歴史の終わり』という言葉が生まれた。共和、民主両党とも、米国が将来の歴史を決められるとも考えた。だが歴史というものは米国人が考えているよりももっと複雑なものだった」

自身のおごりや甘えに気づかない米国は、その後も横暴な振る舞いを続けた。批判を恐れずに書くと、そうした米国の考えや行動が01年の米国同時多発テロを招き、今回のロシアによるウクライナ侵攻の伏線になったのではないか。私はそう考えている。

欧州には核共有に加え、英仏が保有する核兵器や、米国が差し掛ける「核の傘」もある。冷戦終結後の欧州の安全保障に必要なものは何か。余計なものはないのか。米国やNATOは、そんな根源的な問題を整理しようともしなかった。後回しにしても問題はない。そんなおごりがあった。

核共有の新たな意味を見いだせなかったNATOを救ったのは、意外なことにイラクのサダム・フセイン大統領だった。90年8月、隣国のクウェートに侵攻する。国際社会は一致して非難し、国連安保理決議をもとに91年1月に米国が主導する多国籍軍がクウェートの解放を目指して湾岸戦争を始めた。米国のベーカー国務長官は湾岸戦争開戦直前の1月9日にあったイラクのアジズ外相との会談で、大統領宛ての親書を渡す。長官はその際にこう告げた。「化学、生物兵器をもしイラクが使えば、米国は復讐《ふくしゅう》する。これは脅しではない。クウェート解放にとどまらず、現政権打倒に向かう」

生物化学兵器を使えば核兵器で報復するとの脅しだった。

戦争が終結した91年以降、国際原子力機関（ＩＡＥＡ）はイラクで核査察を進め、その結果、イラクが核兵器の取得を目指す秘密ウラン濃縮作業を手がけていたことが明るみに出る。当時、北朝鮮の秘密核開発も問題化していた時期にあたった。米国はこうした「ならずもの国家」による大量破壊兵器問題への対処が喫緊の課題と位置づける。欧州に配備した使い道のない核爆弾は、これにより、「ならずもの国家」の脅威に備える兵器として「存在意義」が見いだされた。下手な冗談としか思えない話だが、現状変更を嫌うＮＡＴＯ官僚たちには受けがよかった。

米国の横暴は、核共有問題だけにとどまらなかった。

90年2月9日、ブッシュ政権のベーカー国務長官はモスクワを訪問、クレムリン（大統領府）でゴルバチョフ氏との会談に臨んだ。当時、米ソ間の最大の課題は東西ドイツの統一問題にあった。ソ連は旧東ドイツが「統一ドイツ」としてＮＡＴＯに参加し、それをきっかけにＮＡＴＯが東方に拡大すれば、いずれ、ソ連の安全保障を脅かす事態に陥りかねないと警戒していた。しかし、この会談でベーカー氏は「ＮＡＴＯは１インチたりとも東に拡大しない」と明言する。これをきっかけに、ソ連は警戒を解き、統一ドイツ承認にカジを切る。歴史が動いた瞬間と言える。

だが、この約束は文書化されずに終わる。これが、災いとなる。政治の世界では、重要事項であればあるほど文書に残すのが常識だが、ゴルバチョフ氏は詰めが甘かった。

ＮＡＴＯ東方拡大を巡っては、「ロシアに恐怖や屈辱を与え、反西欧的な傾向をあおる可能性がある」との観点から、米国でも反対論や慎重論があった。その筆頭は、冷戦当初に「ソ連封じ込め」理論を構築し、駐ソ連大使の経験もあるソ連専門家のジョージ・ケナン氏だった。だが、96年の大統領選で再選を目指すクリントン氏は、東欧諸国から米国に移民した人たちから票を集めようと東方拡大に踏み切る。

会談から7年後の97年5月、ロシアのエリツィン大統領はＮＡＴＯの東方拡大を渋々飲まされることになる。ポーランド、チェコ、ハンガリーがそれを受け99年にＮＡＴＯに加盟、04年にはロシアと国境を接するバルト３国、スロベニアなども加わった。冷戦終結時には16カ国だったＮＡＴＯの加盟国数は、東欧諸国の相次ぐ加盟で、22年のウクライナ戦争の前には30カ国にまで増えていった。

ここまで、冷戦後から現在に続く核共有が止められない流れを概観してきたが、欧州への核配備を廃止しようという取り組みがあったことも記しておきたい。その代表例は09年4月5日、チェコの首都プラハの旧市街であったオバマ米大統領の演説だ。かねてから核兵器に疑問を抱き続けてきたオバマ氏は「核兵器なき世界」の実現を訴えた。

これを機に、核共有を実施するドイツやオランダ、ベルギー、そしてＮＡＴＯ加盟国のノルウェー、ルクセンブルクの外相が10年3月「冷戦期の遺物」と言える核共有の終了を求める声を連名で上げた。

オバマ米政権は核共有用に欧州に配備する戦術核兵器の撤去を模索した。だが、ドイツなど核撤去を求めた国以外が強く反発、結局、米国はＮＡＴＯの結束を重視して現状維持を決めた。なぜか。ある識者は「核共有は『結婚指輪』と同じ」と解説する。両者の誓約の証《あかし》である指輪（核共有）を外せば、別れを意味する。それを恐れた欧米諸国の政府は、核共有を止めることができない。

時代を超えて生き延びた核共有は、ロシアが14年にウクライナのクリミア半島を一方的に併合したことで一気に存在感を増す。核抑止体制の見直しに着手した米国は核共有の運用を強化する方針を打ち出す。さらに、22年のロシアによるウクライナ侵攻の結果、核共有は無くてはならない不動の地位を築いた。

東西冷戦終結を機に西欧諸国で湧き上がった核共有廃止を求める声は、再び消え去った。ウクライナ戦争を機に、第2次世界大戦でも中立を続けたスウェーデンや、フィンランドが「核同盟」であるNATOへの参加を熱望、加盟を申請する時代だ。その状況は、スプートニク・ショックを機に欧州諸国が米国の核兵器に頼ろうとした姿に似る。核兵器の役割を減らそうとする時代は終わり、再び、核兵器が政治的に強い意味を持つ時代に戻った。ロシアのウクライナ侵攻で、歴史は大きく動いたのだ。

## （5）核共有はNPT違反か？

安倍晋三元首相が2022年2月末、日本における核共有の検討を提起して以来、しばらくの間、私の頭の中から「もやもや感」が消えなかった。核拡散防止条約（NPT）は米英仏中露の五カ国以外の国に核兵器の保有を禁じており、素直に読めば、核共有はNPT違反となる。だが、違反ではないことになっている。なぜなのか。正直に告白すると、今まで突き詰めて考えたことが無い私には、その問題が解けなかった。それなら取材するしかない。

NPTは第1条で、核兵器国が非核兵器国に「核爆発装置またはその管理をいかなる者に対しても、直接または間接に移譲しないこと」と明記する。欧州諸国と米国の核共有は、有事の際、配備国が米国から核兵器を受け取る。これは第1条が禁じる「移譲」に当たり、NPT違反ではないだろうか。

もしかすると、米国と欧州諸国の核共有が始まったのは1950年代後半で、NPTが発効する70年よりも前であることも関係しているのかもしれない。刑法の罪刑法定主義は、新たに制定された法律は、それ以前から存在しているものには遡及《そきゅう》して適用できない、という取り決めのことだ。条約もそれと同じかもしれない。その解釈が正しいとすれば、NPT発効前に始めた欧州諸国の核共有は「合法」で、それ以降のものは「違法」。つまり、日本が核共有を始めたいと思っても、それは「違法」となる。

調べてみると、私と同様の疑問をNPTの会議で投げかけた国が多数あった。メキシコは95年の会議で、核共有は「NPT違反」と批判している。非同盟諸国や中国、そしてロシアも15年の会議で、核共有を「NPT違反」と指摘した。

そして、直近の22年8月の再検討会議でも、非同盟諸国120カ国を代表してインドネシアが「NPT違反」と訴えた。

さらに取材を進めると、核共有を「NPT違反」と解釈するのは間違いとわかる。なぜか。NHKの人気番組「チコちゃんに叱られる」風に表現すれば、「NPTの条文は、核共有が違反とならないよう米ソが調整して作り上げたから――」だ。

米国がソ連とNPT制定に向けた交渉を始めたのは63年4月にさかのぼる。その席で、ソ連は核共有に反対する。一方、米国は、核共有を認めなければ、西ドイツの核武装に歯止めがかからなくなるとソ連を脅す。

日本ではほとんど知られていないが、第2次世界大戦で最大の犠牲者を出した国は、ドイツでも日本でもなくソ連だった。ドイツは700万人弱、日本は310万人だが、ソ連は1桁多い2000万人に達した。

余談になるが、04年春にクリミア半島の要衝セバストポリを訪ねた際、ロシア語通訳から「戦争で破壊し尽くされたこの町を復興したのは、ドイツ人捕虜だった」と聞かされた。「強制労働は国際法違反のはずですよね」と問い掛けると「壊したやつらが直すのは当たり前だ」と毅然《きぜん》として言い放った姿にショックを受けた。終戦から半世紀以上がたっていたが、ロシアはドイツを憎み、怖がっているのを目の当たりにした。

話を戻すと、第2次世界大戦終了から10年を経た55年5月、西ドイツのNATO加盟と再軍備が認められた。ソ連はドイツの再軍備に激しく反発し、わずか9日後にワルシャワ条約機構軍を結成する。ドイツを強く警戒するソ連の複雑な感情を知る米国は「西ドイツの核武装」を切り札にソ連を揺さぶる。「それだけは避けたい」という気持ちが働き、ソ連は核共有を認める方向に傾いていく。

当時、米国は西ドイツが「2年以内に核兵器製造に十分な量の核物質を確保し、核兵器を作る能力を備える」と分析していた。米ソがＮＰＴの条文を協議していた時期は、まさに核拡散と拡散防止が激しくせめぎ合っていた時期に当たる。

西ドイツだけでなく、技術や資金がある欧州諸国の核取得を防ぐには、核共有が条約違反とならない文案を練りあげる必要がある。その点で一致した米ソは「管理」という言葉を条文に入れ、核共有を実施しても、配備国が勝手に核兵器を使えないことを明確に示す手を編み出した。

ソ連のグロムイコ外相は66年9月22日、ニューヨークのウォルドルフ・アストリア・ホテルでの協議で、ラスク米国務長官が示したＮＰＴ第1条と第2条の文案を見て「満足だ」と述べる。ラスク長官はＮＰＴ成立後の68年7月の米上院外交委員会で、米国のＮＰＴ解釈案の説明に臨み「ＮＰＴは禁止事項のみを対象にしている」と語った。条文に「禁止」と書かれていない以上は「許容される」という解説だ。ＮＰＴの条文には「核共有禁止」という文字はなかった。

さまざまな思惑を盛り込みながら成立したＮＰＴだが、ＮＰＴによって葬られた構想もあった。「多角的核戦力構想」（ＭＬＦ）と呼ばれる、ケネディ政権が62年12月に発表したものだ。複数のＮＡＴＯ加盟国が、ソ連本土を射程に収める中距離核弾道ミサイル「ポラリス」を配備する原子力潜水艦の部隊を結成し共同運用する案だった。

現在も続く核共有は、米国と配備国が相互に協定を結ぶ「１対１」の制度だが、ＭＬＦは米国とＮＡＴＯ諸国というグループで核共有を目指す。原潜には多国籍の混成乗員が乗り、運用費も共同負担する案だった。

ＮＰＴは、米英仏中ソの五カ国だけに核兵器保有を認める不平等条約だ。

「なぜ我が国は核兵器を保有できないのか」

そんな不満を持つ諸国が大勢を占め、加入国が増えなければ核拡散防止の実効性は上がらない。加入を促す「アメ」も必要と考えた米国は、非核兵器国が核兵器を集団保有するシステムを用意しようとした。

63年４月に米国がソ連に初めて渡したＮＰＴ条文案には、ＭＬＦを認める方針が記されていた。米国は、ソ連がＮＡＴＯに対抗してワルシャワ条約機構を設立したように、「ソ連版ＭＬＦ」を設立すると分析、ＯＫを出すと踏んでいた。

だが、この時点では核戦力で米国に大きく水をあけられていることを自覚していたソ連は、ＭＬＦを認めれば、さらに不利な状況が拡大すると考えて反対する。外相のグロムイコ氏は、米国にＭＬＦを諦めなければソ連はＮＰＴの案文に賛成できないと米国に伝えた。米国は、議会の有力議員や、フランス、英国などの欧州諸国からも反対論が噴出したこともありMLFを断念した。

## (6)「核の傘」は破れ傘か?

前節で核共有は核拡散防止条約（NPT）に違反しないことがわかった。ではなぜ、日本は米国と日米安全保障条約を結ぶ同盟国であるにもかかわらず、核共有を導入しなかったのだろうか。これは「非核三原則」がある日本に特有な現象ではない。韓国やフィリピン、豪州など米国と同盟関係を結ぶ他のアジア・太平洋地域諸国も、日本と同様に核共有を実施していない。

その理由は、米国は核共有に代わり、これらの国々に「核の傘」を差し掛けているからだ。核の傘は、軍事用語では「拡大抑止」と呼ばれ、具体的には米本土に配備する大陸間弾道ミサイル（ICBM）や、原子力潜水艦に搭載する潜水艦発射弾道ミサイル（SLBM）などで構成されている。

拡大抑止にとどまらず、「抑止力」という言葉を軍事ではよく使う。語感的には「力には力で対抗する」というイメージがあるが、それは違う。ラテン語を語源とするこの言葉は

「相手を心理的に納得させる」という意味を持つ。日本などの同盟国を攻撃すれば「米国の核兵器が飛んできて、散々な目にあう」と相手に思わせ、攻撃をためらわせるのが抑止力だ。「力」ではなく「心理」。そこがポイントになる。

日本の核共有問題を考えるに際し、わかっているようで実はわかっていない米国の核の傘の仕組みや機能を、ここで押さえておきたい。

最大のポイントは、核共有に使う核兵器と、核の傘で使う核兵器は、種類も目的もまったく異なる点にある。核共有は、相手の戦車部隊攻撃など、核兵器を戦場での戦闘に使うことを想定している。このため爆発力はそれほど大きくなくても良く、一般には「戦術核兵器」と呼ばれるものを使う。

一方、核の傘にはICBMなど爆発威力の大きい核兵器を使う。戦場というよりも、敵国の核ミサイル基地や、司令所、軍事工場、さらには都市攻撃に使うことを想定している。これらの核兵器は「戦略核兵器」と呼ばれる（114～116ページのコラム参照）。米軍は、ICBM、SLBM、戦略爆撃機の3つの兵器を「核の3本柱（トライアド）」と呼び、最も重要な兵器と位置づけている。

日本における核の傘とは、トライアドのことだ。以下、その実態をひとつひとつ見ていこう。

トライアドの一つ目はＩＣＢＭだ。米国のＩＣＢＭは、現在「ミニットマン３」の1種類だけが運用されている。米本土のモンタナ、ワイオミング、ノースダコタ州にある3基地に配備している。最大射程は1万３０００キロで、ロシアや中国を直接狙える能力を持つ。命令が出れば数分以内に発射できる体制においている。発射すれば、北極圏上空を経由して約30分でロシアに到達する。ミサイルは地面を垂直に掘ったサイロに収容している。サイロは3基地合計で４５０基あり、このうち４００基を現在は使っている。

米空軍が2023年2月に実施した大陸間弾道ミサイル(ICBM)実験(米国防総省提供)

　ただ、サイロ配備型のＩＣＢＭは、敵の偵察衛星から「まる見え」という欠点がある。頑丈な防御を講じてはいるが、1サイロあたり2発の核ミサイル攻撃を受ければ破壊される。核の世界では、サイロに配備するＩＣＢＭは「脆弱性《ぜいじゃくせい》が高い」と考えられている。

　脆弱性を低める手法としては、発射台付き車両（ＴＥＬ）にＩＣＢＭを積む方式がある。ロシアと中国は、発射前に「全滅」する事態を防ごうと、サイロ式に加えTEL型を採用している。また北朝鮮が21年のミサイル実験の際に鉄道車両を発射台に使ったように、中国は鉄道車両にICBMを積む方式も導入している。

米国はTEL型のICBMを持っていない。それはなぜかと、米国の軍事専門家に尋ねたことがある。彼はこう答えた。

「ロシアや中国のような全体主義国家と違い米国は民主主義の国。ICBMを積んだTELが公道を走る姿は想像できない」

たしかにSNS全盛時代の今日なら、情報が拡散され、相手に居場所を突き止められてしまう可能性は捨てきれない。

だが、調べてみると、米国が実は1950年代後半から60年代初頭にかけて鉄道車両に載せる方式を検討していたことがわかった。ただ、この案はケネディ大統領が却下して葬られる。80年代から90年代にかけても、TEL型の小型ICBM「ミゼットマン」の開発を手がけたが、冷戦の終結を受けて中止に追い込まれた。

米国は、サイロ配備型の「ミニットマン3」の脆弱性が「高い」ことを十分に承知している。ミサイルには最大3発の核弾頭を積めるが、2010年以降、その数を1発に減らした。なぜ、3発の核弾頭を積まないのか。

| | 米国 | ロシア |
|---|---|---|
| ICBM | 400基／400発 | 321基／834発 |
| SLBM | 220基／970発 | 160基／640発 |
| 戦略爆撃機 | 45機／300発 | 52機／200発 |
| 合計 | 665基／1670発 | 533基／1674発 |

米露の戦略核兵器配備内訳（米科学者連盟〈FAS〉の資料をもとに筆者作成。爆撃機に搭載する核爆弾の数は、1機あたり1発と計算する規定のため、実際の数はそれを上回る）

実は、これには深い訳がある。

米国は10年、ロシアと新戦略兵器削減条約（新ＳＴＡＲＴ）を結んだ。91年に米露が結んだ第1次戦略兵器削減条約（ＳＴＡＲＴ）が09年12月に満期を迎えて失効していたからだ。

いずれの条約も、ＩＣＢＭなど戦略核兵器の削減を目指す条約で、戦略核兵器の配備数やＩＣＢＭなどのミサイルの数に上限を設けた。配備できる核弾頭の上限は両国とも１５５０発、ミサイルなどの運搬手段の上限も８００基ずつと定めた。こうした制約を背景に、米露両国は最も効果的な抑止力を構築するための組み合わせを探る。その割り振りが腕の見せどころとなる。

米国は新ＳＴＡＲＴの締結を受け、ＩＣ

BMの配備数を450基から50減らして400基とし、さらに弾頭数を1発に絞った。その一方で、敵に見つかる可能性が最も少ない「海の忍者」の原子力潜水艦に載せるSLBMを約1000発確保した。

ICBMの弾頭を1発に絞ったのは、ロシアのICBMを「無駄遣い」させる狙いもある。サイロ1つあたり2発の核爆弾を撃ち込まなければ米国のICBMを全滅させることはできない。そのためには400×2で800発が必要になる。核弾頭の配備数上限が1550発という中、800発を投入するのは「無駄撃ち」ではないものの、効率が高い攻撃とは言えない。これはICBMを多数保有する中国に対しても有効な対策になる。

米国の著名な核専門家であるフランク・ミラー氏は、脆弱性が高いからといってICBMを廃止すれば「相手は楽になり、米国の核の安定がとてつもなく弱くなる」と指摘する。ICBMを維持した場合、相手はサイロ配備型ICBMの破壊を優先すべきか、それとも都市攻撃用に残しておいた方が良いのかと悩むことになる。相手を惑わせるためにも、サイロ配備型ICBMを維持するのは効果があるという解説だ。

ただ、サイロ配備型ICBMは「使うか失うか」の二者択一を強く迫られる兵器であるが故に危険な兵器だとも言える。指導者や軍は「相手からの攻撃を受ける前に発射したい」と考えたくなるからだ。

90年代にクリントン政権で国防長官を務めたペリー氏は、冷戦時代に誤った情報によりＩＣＢＭを発射する寸前にまで至った事案が3回あり、そのうち1回に自身が関わったという。その経験をもとに、緊張が高まっている時にそうした誤情報が流れれば「アクシデンタルな核戦争が起きる可能性を否定できない」とＩＣＢＭの廃止を強く訴えている。冷戦時代は、ＳＬＢＭや空中発射型核兵器の命中精度がＩＣＢＭに比べて劣っていたが、現在はその差は解消されたとして「ベルトとサスペンダーの両方はいらない」としている。

2022年3月、ペルシャ湾上空を飛行する米空軍のB52戦略爆撃機とF22戦闘機（米国防総省提供）

核のトライアドの2番目は戦略爆撃機だ。米国にはＢ52とＢ2の2機種がある。後継機のＢ21も開発中で、23年に初飛行、20年代半ばの就役を目指している。

Ｂ52は敵の防空網を突破するステルス性を持たないため、敵地から遠く離れた場所から発射する長距離核巡航ミサイル20発を積む。一方、Ｂ2はステルス機のため、相手陣営の奥深くまで入ることを想定、核爆弾

16発を積む。両爆撃機とも、空中給油を受ければ世界中の紛争地にノンストップで飛ぶ能力がある。いずれも平時は米本土に配備されている。米国はB52の41機、B2の19機をこの任務にあてている。

サイロ配備型のICBMが命令から数分で発射できる体制にあるのに対し、戦略爆撃機は平時は核兵器を搭載していない。冷戦中は、核兵器を搭載して24時間体制で滑走路に待機していたが、冷戦終結を受けて91年にブッシュ（父）大統領がこれを中止した。ただ、緊張が高まれば「デフコン」と呼ばれる態勢を引き上げる。62年のキューバ危機の際には、5段階のうち上から2番目の「デフコン2」にまで引き上げ、核兵器を積む爆撃機がいつでもキューバに向かえるよう上空を飛び続けた。

3本柱で最も重要な役割を果たすと米国が位置づけるのが「戦略原潜」と呼ばれる原子力潜水艦だ。SLBMを積む。敵に見つかりにくい秘匿性を持ち、陸上配備のICBMなどが敵の攻撃を受けて全滅した場合でも生き残り、反撃の主役を務めることが期待される。まさに「核抑止の神髄」と言える兵器だ。

現在は米国の東西両岸に配備されている。「オハイオ級」と呼ばれる米海軍最大の原潜は14隻あり、冷戦中は大西洋側に重点配備していたが、現在は太平洋側に9隻、大西洋側に5

隻を配備する。米本土に近い海域に潜航していると言われる。核弾頭を4～5発載せたSLBMを20基積む。

原潜の強みは、圧倒的なパワーにある。旧ソ連の原潜の中には最高速度が時速40ノット(74キロ)以上のものもあったが、通常は敵のソナーに探知されないよう、騒音が出にくい速度で走る。それでも20ノットの速度が出る。日本の自衛隊などが運用するディーゼル潜水艦の3倍以上の速度で、より遠い海域に素早く展開できる。電気分解で水や空気も艦内で造れるため、ディーゼル艦のように、敵に発見されるリスクを冒して新鮮な空気を取り込むために海上近くに浮上する必要も、燃料切れを心配する必要もない。食料と乗組員の健康が保てる限り潜航を続けられるのだ。いったん基地から出撃したら77日間は戻らない。それが基本だ。潜航しながら有事に備える。

ロシアと中国も戦略原潜を保有している。ロシア

2022年9月、朝鮮半島沖で訓練する米空母「ロナルド・レーガン」と米原潜(米国防総省提供)

は北極に近いムルマンスクとカムチャツカ半島にある2カ所の基地に、中国は海南島に基地を置く。米国は中露両国の基地周辺に攻撃原潜を配置して中露両国の原潜の動きを監視、基地から出航すれば追跡する態勢を取っているとされる。

ただ、米国の「核の3本柱」の多くは東西冷戦時代に配備されたものであるため老朽化が進む。70年に配備を始めたICBM「ミニットマン3」は「世界最古のICBM」で、新型の「センチネル」の開発が進められている。81年から就役を始めた「オハイオ級」原潜も、31年以降に「コロンビア級」に徐々に置き換えられていく。

戦略核兵器の運用は、米中西部ネブラスカ州オマハに本拠を置く米戦略軍が担当する。日本海に面する青森県車力村《しゃりきむら》（現つがる市）や京都府京丹後市《きょうたんごし》に配備した地上レーダーをはじめ、ハワイ、アリューシャン列島、グリーンランドなど世界各地に配備した地上レーダー、宇宙に配備する早期警戒衛星や偵察衛星などを使い、弾道ミサイル発射など世界中の動向を把握し有事に備える。北朝鮮のミサイル発射情報などもこの司令部に集められる。

ただ、この戦略軍司令部は重要な拠点だけに、相手国からの攻撃対象となる可能性が高い。こうした事態に備えるため、地下に置かれた司令部にはデジタル時計が2つあり、一つは敵のミサイルが標的に着弾する予想時間、もう一つは、司令官が退避するまでの残り時間を刻む。迎撃ミサイルで対処できない最悪の事態を迎えた場合は、司令官は地下18メートルの司令部から階段で地上まで駆け上がり、車で移動、空飛ぶ司令室「E6B」に飛び乗る。日本など同盟国の安全を守る拡大核抑止は、このような体制で支えられている。

ここまで核の3本柱について一つ一つ詳しくみてきたが、これが米国が同盟国に差し掛ける核の傘の実体だ。

核の傘のすごさはわかった。だが、中国だけでなく北朝鮮ですら米本土に届くICBMを保有する時代、米国は自国が攻撃される危険を冒してでも日本や韓国を守ってくれるのか。

次節は、そこに焦点を当てる。

□コラム

**ICBMとSLBM**

大陸間弾道ミサイル（ICBM）は、大西洋や太平洋をまたぎ、米本土からロシアや中国に届く飛距離が5500キロ以上ある弾道ミサイル。ICBMは、Intercontinental Ballistic Missile の略で、核弾頭を積み「核の傘」の中核部分をなす戦略兵器と言える。

1957年にソ連が先行して開発。出遅れた米国は激しいショックを受ける。米国初のIC

米海軍が2018年３月に実施した潜水艦発射弾道ミサイル（SLBM）実験（米国防総省提供）

ＢＭ「アトラス」の配備開始は2年遅れの59年だった。

米露中とインドと北朝鮮の五カ国だけが保有する特別な兵器。サイロに収容して配備するサイロ型と、発射台付き車両（ＴＥＬ）に載せるタイプがある。

サイロは偵察衛星で配備場所を把握できるため、攻撃を受けやすく脆弱性が高い。有事の際の残存率を高め、反撃する「第二撃」能力を保持しようと、米国以外の諸国はＴＥＬ型を重点配備している。北朝鮮はＴＥＬ型のみ、米国はサイロ型のみを保有している。

潜水艦発射弾道ミサイル（ＳＬＢＭ）は、米国が先行して開発した。60年11月にＳＬＢＭ「ポラリス」を積む原子力潜水艦「ジョージ・ワシントン」が、米南部サウスカロライナ州チャールストン基地から初めて大西洋哨戒に出航している。

Submarine-Launched Ballistic Missile の略で、核弾頭を積む。ICBMと違い、射程の定義はない。開発当初のポラリスは、射程が約2000キロ足らずだったが、現在の米軍が使う「トライデントⅡ」は1万1000キロに延びた。

米国は、SLBMを積む中露両国の原潜の動向を捕捉しているとされるが、中露は米原潜を捕捉できない。このため、米国は、SLBMを積む原潜を最強の核戦力と位置づけている。

原潜は米英仏中露とインドの六カ国が保有する。

## （7）核共有は「安全」？　それとも「危険」？

2022年2月に始まった今回のロシアによるウクライナ侵攻は、1957年の「スプートニク・ショック」の際、西欧諸国の人々が感じた強い不安を日本や韓国の人々に与えた。「米国はサンフランシスコを核戦争に巻き込んででも、東京（ソウル）を守ってくれるだろうか」と。

日本の周辺を見回せば、不安材料ばかりがころがっている。北朝鮮はこれまで6回も核実験を重ね、2022年には新型の大陸間弾道ミサイル「火星17」を含め過去最多のミサイル実験を繰り返した。中国も22年8月、ペロシ米下院議長が台湾を訪問したことに強く反発、初めて日本の排他的経済水域（EEZ）内に弾道ミサイルを撃ち込んでいる。中国の軍事力強化は目覚ましく、かつては圧倒的優位にあった米軍は、ひいき目に見ても互角、下手をすれば劣勢にあるとの見方が広がる。

こうした中、飛び出したのが安倍晋三元首相の核共有発言だった。不安が募る中、この提案は一定の共感を呼ぶ。ウクライナがロシアにやすやすと攻め入られたのは「90年代に核兵器を気前よくロシアに返還したからだ」という誤った見方もそうした思いに重なっていく。「戦争被爆国の日本が核武装するのは無理だとしても、米国との核共有ぐらいはあっても良いはずだ。それをきちんと中国や北朝鮮に見せる時期に来ているのではないか」

そう考え始める人が出てきた。

これだけ急激に安全保障環境が変化する中、人々が不安を感じるのはある意味自然なことだ。だが、核共有を始めることが、日本にとって最適な解と言えるのか。本当に安全保障を高める効果があるのか。そういったことが議論されることがないまま、核共有という言葉が一人歩きしていくことに私は危惧《きぐ》を覚える。核共有に理解を示し、導入を目指す人々は、核共有を実現すれば日本がより安全になると考えているようだが、私はまったく逆の考えを持つ。核共有をすれば、日本が攻撃される危険がより高まると見ている。

前節で強調したように、日本をめぐる安全保障環境が変化したとしても、日本が米国の強力な「核の傘」で守られている実態に変わりはない。日本を攻撃すれば、米国は報復する。その手段として、核兵器を使う可能性もある。この点は、核共有を導入しようと、しまいと変わらない。さらに、最重要ポイントは、これまでに述べてきたように核共有を実現しても、米国が同意しなければ配備した核兵器は勝手に使えないという点にある。

つまるところ、どちらの場合でも決定権は米国にある。もし米国が「東京よりもサンフランシスコを守ることを優先する」と判断すれば、米国に配備する大陸間弾道ミサイル（ICBM）であろうと、日本と核共有する核兵器であろうとも、使わないものは使わない。そういう身も蓋《ふた》もない話になる。私はそれを声を大にして訴えたい。

それに引き換え、核共有のデメリットは山ほどある。日本が欧州諸国と同様の方式で核共有を始めた場合、敵対国はどう考えるか。まずは、日本（もしくは米国）に核爆弾を使わせないため、核兵器を保管する施設に先制攻撃を仕掛けようとするはずだ。核爆弾を積む戦闘機が飛び立てないよう、滑走路や戦闘機の格納庫、燃料タンクもボコボコにしようとする。中国は、日本列島を射程圏に収める弾道ミサイルや巡航ミサイルを約２０００発保有している。

ミサイルの普及や正確性向上に伴い、米軍は18年から「前線基地は、もはや敵の攻撃を避けられる聖域ではない」という概念を導入し始めている。すでに基地が攻撃された場合を想定し、他の基地に戦力を移す「機敏な戦力の展開」（ACE、エース）訓練を欧州や在日米軍基地、グアムなどで続ける。地続きの欧州では鉄道、道路での物資移送が可能だが、極東では島伝いの移動となる。滑走路が破壊されれば物資輸送を担う航空機が飛び立てなくなる。

さらに言うと、日本国内の核兵器保管施設を攻撃する際、相手国は核兵器を使う可能性もある。核共有を始めたばかりに、広島・長崎に次ぐ3度目の核の惨劇に日本が見舞われる。そんなことが起きないとは言い切れない。安心感を増すために導入した核共有が、かえって危険を呼び込んでしまう皮肉。核共有にはそんなリスクが伴う。欧州型の「戦闘機＋核爆弾」の核共有は、メリットよりもデメリットの方が大きいのは明らかだ。

前節でも触れたが、発射台付き車両（ＴＥＬ）に核ミサイルを載せる手がある。ＴＥＬは、偵察衛星や航空機からも見つかりにくい。「海の忍者」と呼ばれる潜水艦と同様、秘匿性が高い。

「まさに、うってつけではないか」。読者の中にも、そう思われる方がおられるはずだ。だが、日本はすぐにはこれを導入できない。中国や北朝鮮が保持するこのタイプの核ミサイルを、前述のように米国は現在、保持していないからだ。

軍事大国の米国がこの種の核ミサイルを持っていないのは、米国とソ連が東西冷戦中の１

987年に中距離核戦力（INF）全廃条約を結んだのが理由だ。この条約は、地上から発射するミサイルのうち、射程が500キロ～5500キロのものを全廃する画期的なものだった。条約締結に伴い、米ソ両国は合わせて2692基ものミサイルを廃棄した。

だが、ロシアは条約違反を繰り返し、それを改めようとしなかったことに腹をたてた米国は19年2月、条約からの離脱を通告する。規定に従い、半年後の8月に条約は失効した。この結果、現在は米露とも中距離ミサイルの製造や配備を規制するものはなくなった。

条約は、潜水艦を含む海上艦から発射するミサイルなどは対象外としており、米国はイージス艦などに配備している巡航ミサイル「トマホーク」などを、地上から発射できる方式に切り替える作業に取り組んでいる。

その中で、日本との核共有を実施した場合、採用される確率が高いミサイルは、射程が1600キロ以上あるトマホークだ。沖縄から中国本土までの距離は約700キロ、九州からも中国や北朝鮮の基地を直接狙えるミサイルとなる。ただ、米国は冷戦終了を機に、核弾頭を搭載するトマホークの配備を止め、その後、廃棄した。このため、現在は通常弾頭型のトマホークしか持っていない。米国が核トマホークの復活を決めなければ、TELを使った核共有は実現しない。念のため付け加えるが、核トマホークを日本国内に持ち込むことは「非核三原則」に抵触する。

国内に持ち込めないのであれば、別の方法として、米軍グアム基地に核爆弾を配備し、有事の際に航空自衛隊の戦闘機が核爆弾を取りに行く手もないとは言えない。米国の有力民間シンクタンク、戦略国際問題研究所（ＣＳＩＳ）が23年1月、韓国と米国の核共有を実現するための手法として提案したもので、これを日本に援用する手もある。これなら非核三原則に抵触しない。ただ、日本からグアムまでは片道2～3時間あまりかかる。即応性に欠ける。

核共有に潜水艦を使う手もある。米国は18年以降、潜水艦から発射する核巡航ミサイル（ＳＬＣＭ）と呼ぶ爆発威力が比較的小さいミサイルの開発を手がけている。有事の際、米国からこれを受け取り、潜水艦に載せる方法もある。

ただ、使い勝手は極めて悪い。平時からこの核巡航ミサイルを海上自衛隊の潜水艦に配備すれば、明確な核拡散防止条約（ＮＰＴ）違反となるし、受け渡し場所を横須賀《よこすか》など日本国内の米軍基地にすれば、非核三原則に抵触してしまう。これを避けるため、グアムやハワイに配備し、有事の際に取りに行く手もあるが、これはあまりにも機動性に欠ける。速度の遅い潜水艦を使う核共有は、理論上は可能とはいえ有事対応には不向きだろう。

最後に、ある専門家が「非核三原則に触れない『奥の手』」と表現する手法を紹介する。この専門家はこう話してくれた。

「核巡航ミサイルを積む米海軍の潜水艦に日本近海を哨戒《しょうかい》してもらう。その潜水艦に常時、自衛官が同乗すればよい」

この潜水艦が日本の港に立ち寄りさえしなければ、非核三原則には抵触しないというわけだ。

米国は政権が代わるごとに、今後10年の核戦力の方針を示す「核態勢の見直し（NPR）」をまとめるが、バイデン米政権は22年10月末に発表したNPRで、このSLCMの開発を停止し、予算計上も見送った。日本と違い、米国の予算編成権は議会にある。議会は引き続き予算を計上している。先行きは不透明で、導入にはかなりの年月がかかる。

「米国はサンフランシスコを犠牲にしてまでも日本を守ってくれるのか」という本題に戻る。日本と米国の安全保障を切り離して考える「デカップリング」と呼ばれる論争は、これまで何度も浮上してきた。直近では、米国のオバマ政権が10年に発表したNPRで、核トマホーク全廃を打ち出したことを機に、政治家を含め、日本国内の安全保障関係者の間で不安が高まった。

オバマ政権は日本に安心感を与えるため、日米両政府の高官による日米拡大抑止協議を始めた。「核の傘」がきちんと働いている有り様を日米が協議して確認、潜水艦発射弾道ミサイル（SLBM）を積む戦略原潜の海軍基地や戦略爆撃機が配備されている空軍基地など普

2023年6月、米ホワイトマン空軍基地であった日米拡大抑止協議後、記念撮影に納まる代表団(米国防総省の「X」〈旧ツイッター〉から)

段は立ち入れない場所を見学するプログラムを組み、日本人にはなじみの薄い拡大抑止の最前線を知ってもらう努力を続けている。

23年6月下旬にあった協議は、戦略爆撃機の基地がある米中西部ミズーリ州ホワイトマン空軍基地で開かれ、協議終了後に日米両国の参加者が戦略爆撃機「B2」などを視察、記念撮影に納まった。

北朝鮮の相次ぐミサイル実験や、ロシアのウクライナ侵攻を自らの安全保障環境に重ねる韓国でも核共有の導入を求める声が高まっている。尹錫悦大統領は23年1月11日に「北朝鮮による挑発がさらに激しくなった場合」という前提条件を付けながら「(米国の)戦術核兵器の(韓国)配備」や、「韓国独自の核武装」が必要との考えを示した。国境を接する韓国は、それほど切実な情勢にある。

それに対し、米国家安全保障会議(NSC)のカービー戦略広報調整官は会見で「バイデン大統領は朝鮮半島の完全な非核化を約束している」と述べるなど、一貫して91年12月に韓国から撤収した核兵器の再配備や、韓国の核武装に否定的な考えを示している。さらに、核共有についても米政府は、核兵器拡散につながるとして否定的な見解を繰り返し表明している。

ただ「ゼロ回答」ばかりでは、韓国に根強くある対米不信を拭《ぬぐ》い去ることはできない。トランプ前大統領は、北朝鮮の歓心を買おうと韓国に駐留する米軍を撤退させる意向を示したほか、韓国への事前相談なく合同軍事演習の中止を決めたこともある。米国の次期大統領選挙は24年、トランプ氏が再び大統領職に就く可能性や、トランプ氏と同じような主張をする米大統領が誕生する可能性を排除できない中、韓国の不安は募っている。

韓国の複雑な事情を前に、米国は23年4月、尹大統領を国賓として迎え、安全保障の強化策である「ワシントン宣言」に合意した。

米国は韓国の核武装の道を塞《ふさ》ぎ、核兵器の再配備を見送る基本線を維持する一方で、韓国の不安解消につながる仕組みとして、2つの方策を手当てする。

一つ目は、ＳＬＢＭを積む戦略原潜の韓国寄港を再開させる。80年代以降は見合わせてきたが、米国が差し掛ける「核の傘」を、目に見せることで韓国の人々に安心感を与えることを狙う。

二つ目は、米韓両国が核兵器の運用状況などに関する情報を共有する「核協議グループ（NCG）」の新設を決めた。米国は、核共有を実施している欧州諸国とも同様の仕組みを設けており、これを韓国とも実施する。核兵器は配備しないが、大きな意味の「核共有」とも言える。

軍事専門家の間には、新設するNCGに日本も加わり、日米韓が核兵器の運用情報を共有すれば、北東アジア版のNATOとも呼べるような状況が生まれると指摘する声もある。

北朝鮮の脅威にさらされ、米国の「核の傘」に頼る点は日本も同じだ。韓国と米国の協力関係が強化される中、次は日本の対応が焦点となる。

# 第二章　核軍縮の流れは断ち切られた

２０２２年２月に始まったロシアによるウクライナ侵攻で、核兵器が使われるリスクが急激に高まったと感じている人は多いだろう。なぜ状況が一変したのか。本章では、その伏線や背景を探っていく。

## （1）核の「復権」　遠のく「核なき世界」

２００９年の秋から３年間、私はロンドンで特派員生活を過ごした。テレビをつけっぱなしにし、いつも「ＢＢＣニュース・チャンネル」を流していた。日本を含め英国外で放送されている「ＢＢＣニュース」と違い、番組構成は英国内のニュースが中心で、大きな事件や事故が起きると数時間も生放送で伝えるのが売りのニュース専門チャンネルだった。

ある時、画面に英南西部の空軍基地に降り立つ輸送機の姿が映った。アフガニスタンで死亡した戦士の亡骸《なきがら》を運んでいたのだ。英国の国旗、ユニオンジャックに包まれた棺《ひつぎ》が輸送機から降ろされ霊きゅう車に載せられる。基地近郊にあるウートン・バセットという小さな町では、霊きゅう車が通る沿道に多くの人たちが無言で立ち並び、死者に哀悼の意を捧《ささ》げた。

そんな中継が毎月のようにあった。日本人と違い、英国人は戦争を身近に感じる機会が格段に多いのだと気づかされた。

英国防省によると、米同時多発テロ事件から1カ月後の01年10月から始まったアフガンでの戦争で、454人の英軍兵士や職員が命を落とした。そうした事態に心を痛めた英軍の退役将校たちは、09年1月から英国の核兵器保有に疑問を投げかける運動を開始した。翌年の4月には「核兵器ではなく、軍用ヘリコプターなど若い兵士の命を救うための装備にカネを使うべきではないか」と訴え始めた。

当時、英国は核軍縮志向の強い労働党が政権を握っていた。退役将校らが核兵器への疑問を投げかけ始めるよりも前から、政権は核軍縮に本腰を入れる構えを示していた。

ベケット外相は07年6月、米シンクタンクが主催する国際会議で、「即時の核兵器廃絶」のような非現実的な約束はできないが、核廃絶に向けて具体的なステップを踏むことが重要と強調した。さらに、英国が「軍縮の実験室になる」との考えも表明する。それ以降、労働党政権の主要閣僚は「将来の核兵器廃絶に向けた取り組みが重要」と一斉に説き始めた。

それに対し、保守派からは反論が上がった。英国が核廃絶に踏み切れば「英国は遅かれ早かれ国連安保理で常任理事国の席を失い、欧州の二流国になってしまう」。かつて七つの海を制した大英帝国が、落ちぶれることなど到底容認できないとの主張だった。10年5月の総選挙で保守党が労働党から政権を奪い返したことで、英国での核兵器廃絶に向けた議論に終止符が打たれる。

米国でも英国と軌を一にするように核廃絶に向けた取り組みが始まっていた。キッシンジャー元国務長官、シュルツ元国務長官、ペリー元国防長官、ナン上院議員という安全保障分野の議論をリードする4人が、07年1月にウォールストリートジャーナル（WSJ）紙に「核兵器の存在しない世界」という論考を連名で発表したのが契機となった。核兵器なき世界の実現を呼びかけたもので、4人は08年1月にも「核兵器の存在しない世界に向けて」という論考をWSJ紙に寄稿した。彼らは「四賢人」と呼ばれるようになる。

四賢人の訴えを実現しようと動いたのがオバマ元大統領だ。大統領就任から3カ月に満たない09年4月、チェコの首都プラハの旧市街で「核兵器なき世界」の実現を訴える演説をして世界中の注目を集めた。

だが、核軍縮のかけ声はあがったものの、なかなか具体的な動きに結びつかない。核廃絶を訴えたオバマ政権ですら、巨額の費用がかかる大陸間弾道ミサイル（ICBM）の更新を決めたことで失望感も広がった。そうした状況に業を煮やした国々が中心となり、核兵器禁止条約を制定する動きも進む。17年の国連総会で核禁条約は採択され、21年1月に発効した。

ここまで見てきたように歩みの速度こそ遅いものの、東西冷戦中の86年には7万発以上あった核兵器は、22年には約1万2500発にまで減った。冷戦終結以降、世界は核軍縮の流れの中にあったのは事実だ。だが、この数年、それに逆行する出来事が相次いで起き始める。

きっかけは14年にロシアがウクライナのクリミア半島を一方的に併合した事件だった。緊張が高まり、「ポスト冷戦」と呼ばれた幸せな休息の時代は終わりを告げる。NATOは、14年秋の首脳会議以降、核抑止力の態勢見直しの検討に入り、世界の核兵器の9割以上を保有する米露両国の関係は「新冷戦」と呼ばれるほど冷え込んだ。

第一章でも触れたが、米ソ両国が冷戦中の87年に結んだ中距離核戦力（INF）全廃条約も、ロシアの度重なる違反に立腹した米国が離脱を決め、19年8月に失効する。

さらに中国も、急速に核戦力の充実を図る。第五章で詳しく述べるが、ICBMを収めるサイロを大量に建造している。米国防総省は、中国が保有する核兵器の数が20年の約200発から30年には1000発、35年には1500発にまで増えると分析する。

残念なことは続く。核兵器廃絶に向けた「実験室」になると公言していた英国が21年3月、核軍拡にカジを切ったのだ。これまで減らしてきた核兵器の保有上限数を、従来の180発から00年代初頭と同じ260発にまで増やすと決める。核兵器国の中で「最も核廃絶に近い国」と言われていた英国の衝撃的な変身に、核軍縮を願う人々からは「核兵器削減の時代は終焉《しゅうえん》を迎えた」と失望する声が漏れた。私もショックを受けた一人だ。

ウォレス英国防相は、政策変更の理由として、ロシアがミサイル防衛（MD）強化に取り組んでいることを挙げた。英国の核戦力増強とロシアのMDがどう関係するのか。恥ずかしながら、私もすぐには理解できなかった。調べてみると、こんなことが分かってきた。

5000発を超す核兵器をそれぞれ保有する米露両国とは違い、英国の核戦力は極めて限定的だ。このため、「英国を核で攻撃したら、核でやり返されるかもしれない」と、相手に思わせる、つまり抑止力を効果的に働かせるには、核ミサイルを相手に正確に撃ち込む能力を保持する必要がある。そう英国は考えている。しかし、ロシアは首都モスクワ防衛のため、航空機やミサイルを撃ち落とすMD用の迎撃ミサイルの近代化に取り組んでいる。近く最新鋭の「S500」を配備する予定で、そうなると、英国が「切り札」と位置づける核ミサイルが、ロシアに届く前にすべて撃ち落とされる事態が生じかねない。

だが、米国が英国に潜水艦発射弾道ミサイル（SLBM）の供与を決めた62年12月の「ナッソー合意」以降、英国の核戦力はNATO軍と一体となって運用される仕組みとなっている。これは、英国の核兵器使用は米国の意向に強く左右されることを意味し、英国が単独でロシアとの戦争を戦うことは現実的にはありえない。

ただ、英国は70年代半ばにも独力でソ連のMD網をくぐり抜けようとしたことがある。米国が供与したSLBM「ポラリス」の核弾頭を改造し「デコイ（おとり）」を載せる通称「シェバリン」という弾頭を導入した。ウォレス英国防相も「二つ目のシェバリンを導入する時代に直面した」と説明している。私が思っている以上に、英国には「MD突破」にかける思いが強いのかもしれない。

米国はどうか。「核なき世界」の実現を目指したオバマ政権で8年間、副大統領を務めたバイデン大統領も核軍縮派として知られる。バイデン氏は、核兵器の役割を減らす方針を掲げるが、慎重さを欠く言動が、逆効果を生んでいる面もある。

その最たる例は21年12月、バイデン氏が記者団からロシアがウクライナに侵攻した場合の対応を問われた際の受け答えだ。バイデン氏は、ウクライナがNATOの加盟国でないことを理由に、派兵は「ありえない」と言い切ってしまった。米国の歴代政権は、こういう微妙な問題を聞かれた際は「すべての選択肢が机上にある」と答えるなど、あいまいな答えに終始するのが常だった。しかし、「余計なことばかりを話してしまう」という、さえない評判があるバイデン氏は、サービス精神を発揮しようとしてか踏み込んだ発言をしてしまう。

米国の大統領がここまではっきりと言い切ってしまうと動揺が広がる。同盟国以外を守る気はないとの発言をきっかけに多くの国が自問自答を始めた。

「自らの核武装を目指すか、それとも米国の『核の傘』に入った方が良いのか」

最も敏感に反応したのが、ロシアと国境を接するフィンランドと、かつて独自の核武装を目指したことがあるスウェーデンだった。両国は長らく中立を続けてきたが、ロシアのウクライナ侵攻をきっかけに米国の「核の傘」に入ることを決め、「核同盟」であるNATO加盟を申請する。

ウクライナに侵攻したロシアのプーチン大統領は「これはブラフ（はったり）ではない」などと事あるごとに核兵器の使用を示唆し、核兵器の役割を従来以上に高める動きを強めている。

核兵器の数や役割が、減少から増加に転じる現象を「核の復権」と呼ぼう。米国の四賢人や、オバマ氏が掲げた「核なき世界」の実現はさらに遠のいている。日本が願う北朝鮮の核兵器放棄も「夢のまた夢」になっていく。誰も望まない「核の復権」は止まりそうもない。

## （2）瀬戸際を迎えた核軍縮

人類が核戦争により滅亡する危険が最も高まった事件が1962年10月に起きた。キューバ・ミサイル危機だ。

危機は10月14日、米国の偵察機U2がソ連がキューバに核ミサイルの配備を始めていることとをつかんだことで始まる。ソ連は、射程約1800キロの準中距離弾道ミサイル「R12」と、射程約4000キロの中距離弾道ミサイル「R14」のキューバへの配備を進めた。両ミサイルは、ともに広島に投下した核爆弾の60倍に当たる1メガトンの爆発力がある核爆弾が載る。

ソ連は、米国の喉元《のどもと》であるキューバに、米全土すべてを射程内に収める核ミサイルを配備することで、米ソ間にある圧倒的な核戦力の差を埋めようと考えていた。59年の革命で誕生したばかりのキューバのカストロ政権を「守る」ことを口実に使った。

米ソ対立の最前線で指揮を執ったケネディ米大統領は、「核戦争が始まれば、政策決定に参加すらできない若者たちの生命、将来、希望を奪ってしまう可能性がある」と心を痛めた。満足に夜も眠れぬ日を過ごし続けた。

「すぐにでもキューバを攻撃するべきだ」

そんな主戦論が軍部から湧き上がる中、ケネディ政権は段階を踏んだ対処策を模索する。ソ連と交渉するための時間稼ぎをしたいという思いもあった。

まずは、ミサイルをキューバに運び込むソ連貨物船の航行を阻止するため、海上封鎖を実施することを決める。180隻の艦船をカリブ海に派遣、同時に、国連安全保障理事会の場で、キューバからミサイルを撤去するよう強く求めた。

同時に、いざという事態に備えるため、第二次世界大戦後、初めて防衛準備態勢を準戦時の「デフコン2」に引き上げた。いつでも核攻撃を始められるよう、核爆弾を満載した爆撃機を、絶えず米本土上空を飛行させた。燃料切れで爆撃機が基地に帰還すると、入れ替わりに新たな爆撃機が出撃した。爆撃機を民間空港にも配備する総動員態勢を築いた。

実は、海上封鎖に踏み切った当時、ソ連はキューバに3種類約100発の核兵器の配備を終えていた。一方、米国は「核配備には至っていない」とみていた。もし、この時、ケネディ氏が軍部の意見に従い、キューバ侵攻に踏み切っていれば、ソ連は核兵器で応戦するのが確実な情勢にあった。核戦争は結果として回避されたが、まさに紙一重だった。

米ソ両国は解決を目指そうと水面下で外交交渉も続けた。ケネディ大統領は、弟のロバート・ケネディ司法長官をドブルイニン駐米ソ連大使との秘密交渉に当たらせる。

交渉が大詰めを迎えた際、ソ連共産党のフルシチョフ第1書記はミサイル撤去の条件として、米国がキューバに侵攻しないと約束すること、米国が61年からトルコに配備している中距離核弾道ミサイルを撤収することの2点を求めた。

米国がトルコに配備するミサイルは、アイゼンハワー前政権が配備を決めたもの。射程が2400キロあり、モスクワを直接狙えることから、フルシチョフ氏は「喉に刺さったトゲ」と忌み嫌っていた。一方、アイゼンハワー氏も、トルコへのミサイル配備を「ソ連がメキシコやキューバに核ミサイルを配備するのと同じで、挑発的だ」と認識していたが、強行した。ソ連は、キューバ危機の際、そのツケを米国に支払わせようとする。

ケネディ政権は、ソ連が提示した条件をあっさりと受け入れた。背景には、潜水艦発射弾道ミサイル（SLBM）「ポラリス」の開発が順調に進み、トルコに配備したミサイルは「時代遅れ」になっていたからだ。

ただ、ソ連の圧力を受けてトルコ配備のミサイルを撤収したと受け取られないよう、ミサイル撤去を公表しないようソ連に求めた。ソ連がこれに応じたことで、13日間に及ぶ危機は収束する。トルコに配備していたミサイルは、危機収束から約1年近くたった63年6月までに撤収された。

この危機は、米ソ双方に様々な教訓を与えた。両国の首脳は危機の前から私信をやりとりしていたことで、相手の思考方法などをある程度は摑《つか》んでいた。だがキューバ危機の期間中、双方は、電話ではなく人を介してメッセージをやりとりし、本国との通信は暗号化した電報を使ったため11時間も要した。これでは緊急時の対応は難しい。それを痛感した両首脳は、いつでも話し合いができる「ホットライン」の設置に合意する。

一方、核兵器の捉え方は米ソ両国でかなり異なる結果が出た。

ケネディ氏は、このような危機が再び起きてはならないと、さまざまな対策を講じ始める。

そのひとつが、核兵器の拡散を防止することだった。

当時は、西欧諸国をはじめ多くの国々が核兵器取得に向けた取り組みを進めていた。マクナマラ米国防長官は63年2月、スイスやスウェーデンなど八カ国が「10年以内に核武装をする可能性がある」とケネディ氏に報告している。事態を憂慮したケネディ氏は翌3月に「70年には、核兵器を保有する国が15カ国か20カ国、それとも25カ国に達するかもしれない」と演説、核拡散を防ぐ新たな国際規範の構築が必要と訴えた。ケネディ氏、そして63年11月の暗殺後に跡を継いだジョンソン大統領は、核拡散防止条約（NPT）制定に心血を注いだ。

一方、ソ連のフルシチョフ氏は、核戦力が米国に圧倒的に劣っている点に注目した。米国と並ぶ超大国として振る舞うには、核戦力の差を埋めるしかないと判断、猛烈な勢いで核増強に取り組む。キューバ危機があった62年の時点では、ソ連の核兵器保有数は３３４６発と米国の約13％に過ぎなかったが、69年には米国の４割弱に当たる１万６７１発にまで増やした。

61年1月までアイゼンハワー政権で2期8年間副大統領を務め、69年1月に大統領に就任したニクソン氏は「61年にホワイトハウスを去った際と、69年に大統領に就任した時の世界の風景は全く違っていた。米国の圧倒的な核兵器の優位は崩れ去っていた」と85年7月、米タイム誌のインタビューに答えている。

核兵器の保有数の差が縮まることで、ようやく核軍拡競争に歯止めをかけようという気運が生まれた。当時、両国が取り組んでいたミサイル防衛（ＭＤ）に制限を課そうという交渉も同時に始まった。

米ソ両国は72年5月26日、初の核軍縮条約である第1次戦略兵器制限条約（ＳＡＬＴ１）と、ＭＤに使う迎撃ミサイルの数に上限を課す弾道弾迎撃ミサイル（ＡＢＭ）制限条約に合意し、ニクソン米大統領とソ連共産党のブレジネフ書記長がモスクワで調印する。

ＳＡＬＴ１は両国が保有するＩＣＢＭとＳＬＢＭの現状を追認し、それ以上は増やさないという条約だった。米国はＩＣＢＭを１０００基、ＳＬＢＭを７１０基保有、ソ連はＩＣＢＭを１４１０基、ＳＬＢＭを９５０基保有していた。

米ソ両国は74年にはＳＡＬＴ２に原則合意する。ＩＣＢＭなど戦略核兵器の削減に初めて踏み込む内容で、79年に調印した。しかし、署名直後にソ連がアフガニスタンに侵攻したことで米ソは再び対立、60年代末から始まった両国の緊張緩和（デタント）は終わりを告げた。条約も発効しなかった。

仕切り直しは、85年のゴルバチョフ・ソ連共産党書記長の就任だった。ゴルバチョフ氏は11月のスイスのジュネーブでのレーガン米大統領との首脳会談で「核戦争に勝者はなく、核戦争は決して戦われてはならない」との共同文書に合意する。

レーガン氏は、ソ連を「悪の帝国」と呼ぶなどこわもて感がある人物だが、大統領就任から約1年を経た82年2月、軍から米ソで核戦争が起きた際は「約８０００万人の米市民が死傷する」ことを知らされたのを機に、核兵器を「不道徳だ」と憎むようになった。そうした素地もあったことから米ソ両国の首脳は意気投合する。87年には中距離核ミサイル（ＩＮＦ）全廃条約に合意するなど再び核軍縮に向けて歩み始める。

米ソ両国は冷戦終結後、矢継ぎ早に核軍縮協定に合意する。91年は戦略核兵器削減条約（ＳＴＡＲＴⅠ）とＳＴＡＲＴ２、その後も02年のモスクワ条約、10年の新戦略兵器削減条約（新ＳＴＡＲＴ）へと続いた。

現在、米露が結ぶ新ＳＴＡＲＴの期限は26年2月までのため、新たな条約交渉の開始が待たれている。米露両国とも戦略核に制限を課す条約の有用性は高いと認識している。新ＳＴＡＲＴは、米露双方に年２回のデータ交換と年18回の査察を定め、相手の核ミサイル基地などを実際に訪ねて査察することができる。透明性が高く、相手の思考方法を理解し、それに対処する方策を編み出すことも可能となる。こうした条約が無くなれば、維持すべき戦略のレベルが不明になる。猜疑心《さいぎしん》が膨らみ、双方が軍拡競争を始める危険が高まる。

オバマ政権時代にホワイトハウスで軍縮問題を担当したゲーリー・セイモア米国家安全保障会議（ＮＳＣ）軍備管理・大量破壊兵器調整官は、17年3月にあった米上院公聴会で、Ｉ

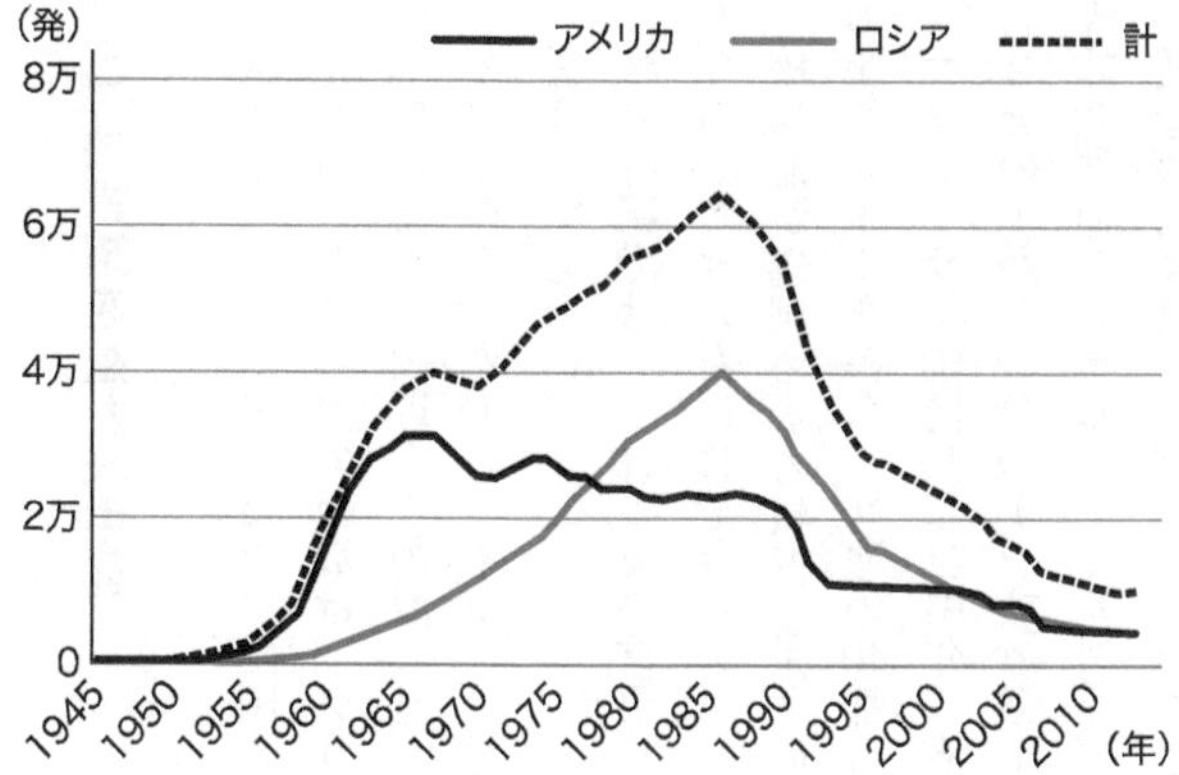


米ソ(露)の核兵器保有数の推移(出典　Bulletin of the Atomic Scientists)

NF条約ではたびたび違反を繰り返すロシアが、新STARTを遵守しているのは「ロシアにとって利益があるためだ。INF違反を続けるのは、それに意味が見いだせないからだ」と指摘した。

バイデン米大統領は21年1月の就任直後、新STARTを26年までの5年間延長するオプションを行使、新たな核軍縮協議を進めるための調整もロシアと始めた。だが、ロシアとの協議に取りかかった矢先にロシアがウクライナに侵攻、協議は中断に追い込まれる。

その後も米露の対立は激化をたどる。ロシアのプーチン大統領は23年2月、新STARTを一時停止するとまで宣言してしまう。

ウクライナでの戦争と連動するように、核軍縮は深刻な危機に立たされている。

## （3） 核軍縮を阻む米中露

東西冷戦中に始まった米ソ両国の核軍縮交渉の結果、１９８６年のピーク時には7万３０0発もあった核兵器の総数は、２０２３年1月には1万２５１２発にまで減った。米露両国は「核兵器の9割近くを削減した」と胸を張る。ただ、依然として人類を何度も滅亡させることができる「オーバーキル」状態にあることは変わらない。更なる核軍縮が求められるのは言うまでもない。

私の解釈では、これまでの核軍縮は、米露両国の安全保障に何ら影響がない過剰な核兵器を削減してきただけに過ぎない。

核兵器が過剰である状況を示す例は尽きぬほどある。例えば、ケネディ大統領は、「40発の核ミサイルを持ち、ソ連の40都市を破壊するだけで十分ではないのか」と考えていた。

マクナマラ米国防長官は67年、有事の際にソ連人口の5分の1から4分の1、工業生産高の2分の1から3分の1を核攻撃で破壊する戦略をまとめた。目標達成には１００の都市を大陸間弾道ミサイル（ＩＣＢＭ）や潜水艦発射弾道ミサイル（ＳＬＢＭ）で攻撃すれば良い。こ必要な核兵器は、中国向けを考慮しても４００～５００発あれば十分という計算だった。

れは、ＳＬＢＭを積む原子力潜水艦が数隻あれば実現できる。当時の米国にはＩＣＢＭが１０５４基、ＳＬＢＭを積む原潜は41隻もあった。圧倒的な「オーバーキル」状態だった。

米国防総省に22年も勤務した経験がある核専門家のフランク・ミラー氏が、90年代初頭の国防総省勤務時代に体験した話も衝撃的だ。

ミラー氏は、米軍の核兵器がどこに照準を合わせているのかを徹底的に調べようとした。だが、既得権益を守ろうと軍は、文官のミラー氏にこれを徹底的に隠そうとする。激しい攻防の末に突き止めた現実は、ミラー氏の想像をはるかに超えるものだった。

モスクワに７００発、それも広島に投下された原爆の70倍近い破壊力があるメガトン級の巨大な核兵器が照準を定めていた。寒さのため1年の4分の3は使えない北極圏のソ連空軍基地にも、季節を問わず17発の核ミサイルが向けられていた。さらに、有事の際は、９００発の核ミサイルがソ連に向け一斉に飛び立つ計画だった。

ソ連が一度に識別できるミサイルの数は最大２００発で、それ以上の数を発射すれば戦争は制御できなくなる。それは、人類滅亡に直結する。そんな事態だけは避けようと、ミラー氏は一斉発射するミサイルの数を20発にまで減らす作業に取り組んだ。

ロシアも同様に「オーバーキル」状態にあった。

このようにこれまでの核軍縮が比較的スムーズに進んだのは、双方にある壮絶な無駄を削る作業をすればよかったためだ。

しかし本章の冒頭でも触れたように、この数年、核軍縮の動きに大きな変化が現れ始めている。ストックホルム国際平和研究所（ＳＩＰＲＩ）は22年6月に公表した報告書で、これまで減り続けてきた核兵器が、これからの10年は増加に転じると予想し「軍縮の時代は終わりに近づいているように見える」と指摘した。その2カ月後、国連のグテレス事務総長はニューヨークの国連本部で開幕した核拡散防止条約（ＮＰＴ）再検討会議の冒頭で「(核軍拡へと）逆戻りしている」と述べ、強い危機感を示した。

中国が猛烈な勢いで核兵器の数を増やそうとしていることも頭の痛い問題だ。米露両国が合意さえすれば問題が片付く時代が終わり、中国を巻き込まなければ、問題が解決しない状況が生まれている。だが、中国は核軍縮交渉に参加するそぶりも見せない。数学の世界では、３００年以上も解けなかった「フェルマーの最終定理」のような難問があったが、米中露三カ国が参加する核軍縮交渉を実現する名案を早く見つけ出す必要がある。

実は、その難問に挑んだ人が居る。それは、オバマ氏でもブッシュ氏でもなく、常識破りで知られるトランプ氏だった。

「21世紀型の核軍縮の実現」を掲げたトランプ前政権は、ロシアとの軍縮交渉に中国も呼び入れようとする。20年6月には、一方的に「三カ国協議」の場を設営し、会場のテーブルには中国国旗を飾りつけ中国代表団の到着を待ち受けるパフォーマンスまで実演した。

一方、中国は、外務省の傅聡・軍縮局長が19年11月に「米国が、中国が保有する数まで核兵器を削減するか、中国が米国並みにまで核保有数を増やすことを米国が認める」ようなことがない限り、交渉に参加する意思はない考えを示していた。その後もその方針を維持、トランプ米政権の呼びかけには一貫して応じようとしなかった。

現在、米露はいずれも約５０００発超、これに対し、中国は約４００発の核兵器を保有していると推定されている。中国から見れば、米露と大差がある状況で三カ国交渉に臨めば、貧乏くじを引くだけとなる。あれこれ理由をつけて時間を稼ぎ、着実に核兵器の数を増やす作戦に徹しているように見える。

21年1月に発足したバイデン米政権は誕生直後に新戦略兵器削減条約（新ＳＴＡＲＴ）の5年間延長をロシアと合意、とりあえず、ロシアと核軍縮交渉を進める条件を整えた。だが、中国がＩＣＢＭを収容するサイロを西域の砂漠地帯に３００基以上も建造したことが見つかったことで、核軍縮を巡る状況は一気に暗転する。

米国防総省は中国の核兵器数が、現在の約４００発から35年には１５００発にまで増えると見ている。この１５００発という数字は、米露両国にとって特別な意味を持つ。新ＳＴＡＲＴは、ＩＣＢＭなど戦略核兵器の配備数の上限を１５５０発と定めており、中国が１５０

0発に達すれば、米露両国に肩を並べ、それを超す存在になる可能性が出てくるためだ。核の世界が、米露の「二極」から、米中露の「三極」に変わる意味を持つ。

中国の核軍拡は、ロシアの核兵器削減意欲をそぐ効果も生む。中露両国は、表面的には親密だが、実は、一皮めくると微妙な関係にあるからだ。

例えば、「核なき世界」の実現を目指したプラハ演説から4年後の13年6月、オバマ米大統領はベルリンでの演説で、戦略核の配備数を現状の1550発から1000発に削減しようと呼びかけた。だがロシアはこれに強く反対する。背景には、これ以上核兵器を減らせば対中戦略が危うくなるという考えがあった。ロシアの核は米国や欧州など西側諸国だけでなく中国にも向けられている。核をめぐる世界は、想像以上に複雑だ。

中国を核軍縮交渉の場に引き出す名案は、残念ながらまだ見つかっていない。陳腐だが、対話を続け、「偶発的な核戦争が起きれば、中国にとっても得にはならない」と粘り強く説得を続けるしかない。もどかしいが、数学の難問と同様、解決には時間がかかると覚悟した方がよさそうだ。

## (4) ABM条約離脱が招いた軍拡競争

核軍縮の流れが止まり、核軍拡に反転する気配が強まったのは、なにも中国の急速な核軍拡の動きだけが原因ではない。伏線があったはずだ。米国が２００１年に一方的に弾道弾迎撃ミサイル（ＡＢＭ）制限条約から離脱すると宣言したことが、その将来の核軍拡につながる引き金だったと私は思っている。

ＡＢＭ条約は東西冷戦中の１９７２年に米ソが結んだ核軍縮条約だ。米ソは、攻撃兵器である大陸間弾道ミサイル（ＩＣＢＭ）などの保有数に上限を設ける一方、防御兵器であるミサイル防衛（ＭＤ）にも同時に上限を課すことに同意した。前者が、第１次戦略兵器制限条約（ＳＡＬＴ１）、後者がＡＢＭ制限条約だ。

なぜ、攻撃兵器だけでなく、防御兵器も同時に制限することを狙ったのか。それを解くには、当時のＭＤと現在のＭＤの違いをおさえる必要がある。

現在、日本が導入している米国製のＭＤは、パトリオットミサイルなどの迎撃ミサイルを、敵のミサイルに「体当たり」させて撃墜するシステムを採用している。「ピストルの弾をピストルの弾で撃ち落とす」とも言われる高度な技術となる。

一方、初期のＭＤは、迎撃ミサイルには核弾頭を載せた。「体当たり」で相手のミサイルを破壊するのではなく、敵のミサイルに近づいた時点で爆発させ、相手のミサイルもろとも吹き飛ばすシステムだった。つまり、ＭＤは核兵器だった。

核軍縮交渉を担当した米ソの担当者はこう考えた。

「ICBMなどの攻撃兵器に上限をかけただけでは核軍拡を止められない。核弾頭を載せたMDも制限を設ける必要がある」

当時、米国が保有するICBMは1000基、ソ連は1410基。これに1対1で対応するMDを整備する動きを続ければ、あっという間に核兵器の数は増えていく。

ABM制限条約は、双方の迎撃ミサイルの配備基地を2カ所ずつ、迎撃ミサイルの配備数も200発ずつと上限を定めた。条約締結2年後にはさらに規制を強化し、基地は1カ所ずつ、迎撃ミサイル配備数も100発へとそれぞれ削減した。

それから約30年たった01年5月、就任から3カ月足らずのブッシュ（子）大統領はABM条約からの離脱を一方的に表明してしまった。背景には、10年前の91年、ブッシュ（父）政権がイラクのフセイン政権と戦った湾岸戦争が強く影響していた。

この戦争中、イラクはソ連から調達した短距離弾道ミサイル「スカッド」を、米軍が出撃拠点を置く隣国のサウジアラビアや、米国の同盟国であるイスラエルに向けて撃ち込んだ。ダーラン米軍基地があるペルシャ湾岸のサウジ住民は、イラクのミサイルが届かないサウジ西岸に疎開した。防空壕《ぼうくうごう》も整備された。私も03年3月に始まったイラク戦争の際に訪ねたダーランで、地下に大口径鉄パイプを埋設した防空壕の中に入って取材したことがある。

米軍は湾岸戦争中、イラクのミサイルを必死に捜した。だが、この「ミサイル・ハンティング」は不首備に終わる。動き回る発射台付き車両（ＴＥＬ）に載せたスカッドを、探し出すのは不可能だった。対策を迫られた米軍は、スカッドを空中で撃ち落とす作戦へと変更する。ミサイル迎撃用の「パトリオット」ミサイルをサウジ、イスラエル両国に持ち込む。

2012年に太平洋で実施された米海軍のミサイル防衛（MD）実験（米国防総省提供）

当時、米軍は「１００％の命中率」と宣伝した。ブッシュ（父）大統領も米ボストン郊外にあったパトリオットの製造工場を訪ねた際、その成果を高く評価した。私も同じ工場を2年後の93年に訪ねた際、大統領が通された「ザ・プレジデント・ルーム」で説明を受けた経験がある。だが、大統領が賞賛したパトリオットの実際の命中率は極めて低く、１割に満たなかったとの指摘もある。

ミサイルの脅威に直面した米国は、イラクのような「ならずもの国家」が、将来、ICBMを開発し、米本土を攻撃する可能性もあると考えた。米国を守るには、より精度の高いMDシステムを開発する必要がある。だが、そこに立ち塞がったのが、迎撃ミサイル基地の配備数に上限を課しているABM条約だった。

ブッシュ政権は、「時代遅れ」の条約に縛られていては、「21世紀型」とも呼べる新たな脅威に対応できないと判断し、02年に条約から正式に離脱する。

私は、この決定の背景にも、唯一の超大国となった米国は、ロシアを見下しても許される、というおごりや慢心を感じる。

ロシアのプーチン大統領は、米国の条約離脱を「間違いだ」と批判、さらに「テロリストがICBMを掌中に収め、攻撃することなど極めて困難であり、想定できない」と反発した。さらに、軍幹部との会合では、こんな痛烈な言葉を言い放つ。

「米国がイランや北朝鮮の核の脅威を指摘するのは真の狙いを隠すためだ。米国の狙いは、他の核保有国の戦略的能力を無効化すること。対象はもちろんロシアだ」

だが、9年連続のマイナス成長を記録するなど、当時のロシア経済は、どん底の状態にあった。核兵器の老朽化が進むが、予算を手当てできない。91年に米国と結んだ戦略核兵器削減条約（START1）では、6000発の核兵器保有が双方に認められていたが、それを維持することすら難しい状況にあった。1500発を維持するのがやっとで、米国と並ぶ核大国の座を失いかねない瀬戸際に追い込まれていた。

そうしたロシアの苦境を知る米国は、ＡＢＭ条約からの離脱と同時に戦略核の数を１６００発〜２２００発へと減らす新たな核軍縮条約を提案する。後のモスクワ条約だ。ロシアにとって、これは「渡りに舟」だった。核軍縮に応じれば、米国と同等の「超核大国」という地位を保てるからだ。そんな複雑な事情も重なり、プーチン氏は渋々ながら米国のＡＢＭ条約離脱を受け入れる。

米国は条約離脱から2年後の04年、アラスカ州フォートグリーリー基地に初の迎撃ミサイル配備を始めた。それに続きカリフォルニア州バンデンバーグ基地にも配備を進めた。現在、両基地に配備する迎撃ミサイルの数は合計44発、30年までには64発に増やす計画だ。ただ、それでもＡＢＭ条約が定めていた上限の１００発には及ばない。

米国の専門家の中には「この程度の規模のＭＤなら、ＡＢＭ条約を離脱しなくても整備できた」と指摘する声もある。

米国のＡＢＭ条約離脱は、高まりかけていた核軍縮の機運を潰《つぶ》し、新たな軍拡競争を生む「高いツケ」をもたらすことになる。

「ＭＤが整備されれば、虎《とら》の子の核戦力が無力化されかねない。その先、米国は何を見据え

米空軍が開発中のハイパーソニック兵器のイメージ図（米空軍提供）

ているのだろう？」

ロシアのプーチン大統領や中国は、米国の条約離脱を機に、国家の存亡を賭《か》けて、米国が築き始めたＭＤを突破できる新型兵器の開発に全力を注いでいく。

それが結実したのが、音速の5倍以上に当たるマッハ5以上の超高速で飛行する極超音速（ハイパーソニック）兵器や、超長距離を飛ぶＩＣＢＭなどだ。いずれも、現在の米国のＭＤシステムでは対応が難しい。こうした新兵器に対処しようと、米国も新たな軍事力整備に追い込まれている。次節ではそれを扱う。

## （5）本格化する宇宙戦争

ロシアと中国が、米国が築くミサイル防衛（ＭＤ）システム突破を狙い、乾坤一擲《けんこんいってき》の大勝負をかけて開発したのが極超音速（ハイパーソニック）兵器だ。

音速より遅いが、それに近いのが亜音速、音速以上のマッハ1から5未満がスーパーソニック（超音速）、そして、マッハ5以上の超高速で飛ぶのを極超音速と呼ぶ。特徴は速度だけではない。海面（地上）を這《は》うように低空で飛ぶ。海上や地上配備のレーダーではなかなか捉えられない。地球は丸く、水平（地平）線の先は見えないからだ。さらに、航空機のように機動性が高く、自由に飛行経路を変えることもできる。

当然、防御も難しくなる。ハイテン米戦略軍司令官は、18年夏にあった会合で「見えないものは撃ち落とせない」と、ハイパーソニック兵器で攻撃を受けた際、米国はお手上げだと告白している。

ロシアや中国のほか米国、そして北朝鮮やイラン、インド、日本も開発に取り組んでいる。その中で、ロシアと中国の取り組みが先行している。

ロシアと中国はハイパーソニック兵器以外でも、米国のMD突破を目指す新兵器の開発に取り組む。米本土を最短距離の北極経由ではなく、MDが手薄な南方向から狙える新型兵器の開発がそれだ。ロシアが22年春に初めて実験した巨大な大陸間弾道ミサイル（ICBM）「サルマト」は射程が1万8000キロあり、南極経由でも米本土を狙える。中国が21年7月に初めて実験した小型スペースシャトルに核兵器を載せたような新型兵器も、同様に南極

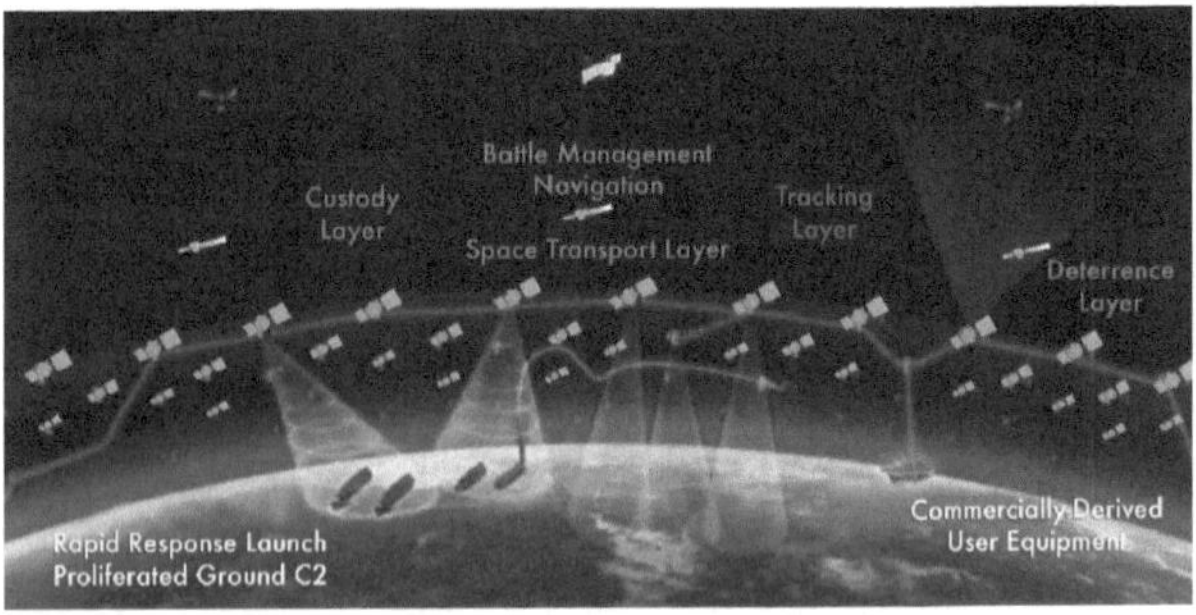

宇宙空間からハイパーソニック兵器を監視・追跡する米軍の概念図（米国防総省提供）

経由で米本土を攻撃できる。

中露両国が、ＭＤでは対応できない新型兵器の開発を始めたことを受け、米国は新たな防衛体制の構築に着手しはじめた。そのカギは宇宙にある。

レーダーで捉えにくい低空を、それも変則軌道で飛ぶハイパーソニック兵器を撃墜するには、発射から迎撃までの過程をすべて捕捉《ほそく》するシステムの構築が不可欠となる。米国は、これは宇宙しかないと判断し、宇宙空間にセンサーを積んだ大量の衛星を配備し、発射直後からハイパーソニック兵器を捕捉して追跡、迎撃する「誕生から死（from birth to death）」と呼ぶシステムの構築を目指している。

トランプ政権で開発担当のトップを務めたグリフィン国防次官は「どこに迎撃対象があるのかを把握する必要がある」と宇宙空間に大量のセンサー衛星を配備することが重要だと説いた。地球から最も近い２００

0キロ未満の低軌道に少なくとも1000基の衛星を配備してセンサー網を構築する考えを示した。衛星の打ち上げ費用は、総額200億ドル（1ドル＝140円換算で2兆8000億円）と試算した。

こうした取り組みにあわせるかのように、米国は19年12月に宇宙軍を設立、日本もそれにならって20年5月に自衛隊に宇宙作戦隊を設立した。22年12月には、航空自衛隊を航空宇宙自衛隊に改称することも閣議決定するなど、宇宙を重視する取り組みを強めている。

宇宙には、米国が開発・配備を目指すセンサー衛星のほか、さまざまな種類の軍事衛星がある。偵察衛星や、弾道ミサイルの発射を検知する早期警戒衛星、通信衛星などだ。カーナビやスマホの位置情報に欠かせない全地球測位システム（GPS）衛星もそもそもは軍事用に開発された。米国の潜水艦発射弾道ミサイル（SLBM）は、発射直後に衛星と交信して正確な位置情報をつかむ。このシステムの導入で精度が飛躍的に高まった。ロシアはGLONASS、中国はバイドゥーという自前の測位衛星網を築いている。

こうした基幹衛星は有事の際に攻撃対象となる。衛星は防御のための武器を積んでいないため、簡単に撃ち落とせる「おいしい標的」となるからだ。67年に発効した宇宙条約は、宇宙空間に核兵器など大量破壊兵器を配備することを禁じるものの、それ以外の兵器は規定がない。このため、ロシアや中国はさまざまな衛星攻撃兵器（ASAT）の開発に取り組んでいる。

　そのひとつが、米ソ両国が東西冷戦時代から手がけた地上や航空機から発射するミサイルで衛星を撃ち落とす手法だ。07年1月、中国が地上から発射したミサイルで自国の衛星を破壊するＡＳＡＴ実験を実施した。これにより約３０００個もの宇宙ごみ（デブリ）が宇宙空間にばらまかれた。09年には米国の通信衛星とロシアの軍事衛星が衝突、約２０００個のデブリが新たに生まれた。

　宇宙空間に漂うデブリは超高速で飛ぶため、１センチ大のものでも衝突すれば、小型車が時速70～80キロで衝突したのと同じ衝撃度となる。国際宇宙ステーション（ＩＳＳ）は、こうしたデブリとの衝突を回避するため頻繁に高度を上げ下げしている。その後もインドが19年3月に自国の衛星を撃墜して約４００個、21年11月にはロシアが同様の実験で約１５００個のデブリをばらまくなど、ＡＳＡＴ実験は後を絶たない。

　ミサイル以外では、宇宙空間で相手の衛星に接近し、レーザー光線やマイクロ波などで攻撃する手法や、ロボットアームで相手の衛星をつかんだり、衛星に体当たりしたりする手法もある。中国やロシアは、宇宙空間に投入した衛星（母船）から子衛星を放出し、他国の衛星に接近する実験を繰り返している。サイバー攻撃で相手の衛星を「乗っ取る」ことも理論上は可能だ。もちろん、米国も同様の機能を備えた「Ｘ37Ｂ」と呼ばれるミニチュア版のスペースシャトルとも呼べる無人宇宙船の実験飛行を10年以降、6回実施している。

宇宙の重要インフラである衛星が破壊される事態になれば、軍は目も耳も失うことになる。米国はこうした事態を想定し、高い能力を備えた大型衛星に依存する体制を改め、段階的に小型・分散化に取り組み始めている。

さらに、米国は18年にまとめた「核態勢の見直し（NPR）」で、重要なインフラを攻撃された場合は核兵器で反撃する方針を初めて盛り込み、「宇宙インフラを攻撃されれば核のボタンを押すこともありうる」との姿勢を明確に打ち出した。

ロシアも6年ぶりに改定した20年の核戦略に、相手からの核攻撃だけでなく「死活的に重要なロシア政府の施設、軍事施設に敵が干渉した時」には、核が使用できると明記、米国と同じ考えを導入して対抗した。

米国がハイパーソニック兵器対策として宇宙への配備を目指す新たなMDシステムと言えるセンサー

2022年11月、6回目の試験飛行を終え、ケネディ宇宙センターに帰着したX37B（米宇宙軍提供）

衛星網も、早期警戒衛星や通信衛星など他の軍事衛星と同様に、攻撃を受ければ核兵器使用の条件を満たすことは確実で、核戦争の「引き金」を引く要素は増える一方だ。

# 第三章　ロシアの弱さが核に向かわせる

## (1) プーチン大統領の核威嚇

ウクライナへの侵攻以降、ロシアのプーチン大統領は核兵器の使用も辞さない姿勢を続けている。なぜプーチン氏は核にこだわるのか。そして、本当に核を使うつもりがあるのか。本章では、ロシアとウクライナの間にあった核をめぐるドロドロの闘いや、ロシアの核兵器の歴史を描いていきたい。

ロシアのプーチン大統領はウクライナへの侵攻を発表した2022年2月24日の演説で「ロシアは核保有国のひとつだ。いくつかの最新鋭兵器も持っている」と述べた。さらに、NATO軍がウクライナに加担してロシアを攻撃する事態を避けるため「どのような攻撃者であっても敗北は免れず、不幸な結果となるのは明らかだ」と警告、そうした相手には核兵器の使用も辞さない強い姿勢を見せた。

プーチン氏は14年にウクライナのクリミア半島を併合した1年後にも「核兵器の使用を考えていた」と告白、論議を巻き起こした過去がある。今回は侵攻の初日に「核の脅威」を持ち出すことで、並々ならぬ決意を国際社会に知らしめた。

プーチン氏の核威嚇はこれにとどまらなかった。開戦5日前の19日には、大陸間弾道ミサイル（ＩＣＢＭ）や、核兵器の搭載が可能とされる兵器を使った大規模な演習を実施、プーチン氏はベラルーシのルカシェンコ大統領とともに司令室でその様子を見守り続けた。

行動でも脅しを加えた。短距離弾道ミサイル「イスカンデル」、地上発射型の中距離巡航ミサイルを侵攻前からウクライナ周辺に配備した。これらの兵器は、通常弾頭だけでなく核弾頭も搭載できる「デュアル」性がある。いつでも核兵器を使える態勢にあり、「脅しではなく本気だ」との姿を見せつけ、国際社会を揺さぶった。

開戦3日目の27日には、さらに核の脅迫を強めた。欧米諸国がロシアへの厳しい経済制裁を決め、ウクライナへの武器支援を打ち出したことに反発したものだ。プーチン氏は「西側諸国は我が国に対し非友好的な行動を取っている。ロシアの抑止力を特別任務態勢に移行させる」と述べ、核戦力部隊を「高度な警戒態勢」に置くよう命じた。

ショイグ露国防相は翌28日、ＩＣＢＭを担当する戦略ロケット軍、潜水艦発射弾道ミサイル（ＳＬＢＭ）を積む原子力潜水艦を配備する各部隊が「戦闘態勢」に入ったと発表した。国際社会は「最悪の場合は核戦争になる」と身構え、一気に緊張が高まった。

そうした中、米国はこのロシアの動きを警戒しつつ、できるだけ冷静に受け止めようと努めた。情報機関トップのヘインズ米国家情報長官は、プーチン発言の狙いは「米欧諸国がウクライナに武器支援をしないことを狙ったもの」と分析、「高度な警戒態勢」という発言はブラフ（はったり）と見た。米軍は偵察衛星などでロシアが各地に配備している核部隊の動向をつぶさに監視しており、確信に満ちた発言の裏には、米本土を狙うＩＣＢＭなどに「特別な動きは無い」ことを確認していたことがあった。

ところで、ロシアが本気で「高度な警戒態勢」に入ると、どのような「動き」が観察されるのだろう。専門家は、ロシアは約40カ所ある基地に保管するＩＣＢＭを、発射台付き車両（ＴＥＬ）に載せて、クモの子を散らすように分散させると予想する。基地内にとどめておけば、敵の攻撃を受け、使う前に全滅する危険があるからだ。分散すれば、偵察衛星からの監視・追跡が格段に難しくなる。

ＳＬＢＭを積む原子力潜水艦も基地から出航、北極海の厚い氷の下などに逃げ込むと予想されている。ロシアはＳＬＢＭを積む戦略原潜を10隻保有、北極海に近いムルマンスクとカムチャツカ半島の基地に配備している。米軍は、偵察衛星からの監視に加え、潜水艦基地周辺の海中でも監視し、出航した潜水艦を追跡できる体制を築いていると言われる。

こうした情報をもとに、米中央情報局（ＣＩＡ）のバーンズ長官は侵攻から約２カ月たった4月中旬の講演で「高度な警戒態勢」が命じられた後も、ロシア軍の核兵器部隊には「具体的な動き」はないとの見解を示した。

ロシアによる核威嚇は、その後も断続的に続く。プーチン氏は4月末、核兵器という言葉こそ使わないものの「誰もが持っていないようなすべての道具が揃っている。必要になれば使う」と述べるなど、事あるごとに核兵器の使用を匂わせる。こうした事態に、国連のグテレス事務総長は「かつては考えられなかった核兵器を使った紛争がいまや起こりうる状況だ。背筋が凍り付きそうな動きだ」と憂慮した。

核兵器を脅しに使うプーチン氏の手法は効果を挙げたのか。その答えは「イエス」だ。米国のバイデン大統領は、ロシアのウクライナ侵攻前の21年12月、記者団からウクライナへの派兵の可能性を問われた際、その考えがないと表明、その後も何度も同じ考えを繰り返した。米国の大統領がこうした発言を繰り返す理由を、バーンズ長官はこう説明した。

「バイデン大統領が第3次世界大戦（勃発）を回避すべく、また、核戦争につながるぎりぎりの線にまで到達しないよう熟慮していることを知っている」

まわりくどい表現だが、ロシアを刺激すれば、核戦争になりかねないという警戒心が米国内に強くあるとの説明になる。

ウクライナへの武器支援にも影響が出た。開戦以来、ウクライナのゼレンスキー大統領が「武器を送って欲しい」と呼びかける姿が恒常化している。だが、欧米諸国はそのたびにプーチン氏による核の威嚇が頭をよぎる。その象徴的な例が、戦闘機の支援をめぐるドタバタ劇だ。
戦闘機支援問題は侵攻開始から3日後、EUの外相に当たるボレル外務・安全保障政策上級代表の記者会見をきっかけに浮上した。ボレル氏は「我々は戦闘機をウクライナに供与する可能性を探っている」と述べ、ウクライナ空軍も保有し、扱いに慣れている旧ソ連製の「ミグ29」戦闘機を供与する考えを示した。NATO加盟国の中で、ミグ29を保有しているのはブルガリア、ポーランド、スロバキアの三カ国。3月1日には、ウクライナ議会が「この三カ国から70機の戦闘機が近く届けられる」とSNSに投稿するなど期待が一気に高まった。

この動きに反発したロシアは3月6日、ポーランドが戦闘機を引き取りにきたウクライナ空軍に基地を使わせた場合、「ポーランドがロシアとの戦いに参戦したものとみなす」と警告する。ポーランドは、ウクライナを支援したいが、ロシアと一戦交える事態だけは避けたいと悩む。その2日後、ポーランドはミグ29をドイツの米空軍基地に移送し、そこでウクライナ軍が受け取る代替案を提案した。米軍を巻き込めば、ロシアも安易に手出しができなくなる。そんな読みが背景にあった。

議論が長引く中、ゼレンスキー氏は「いつ決めるのか？　われわれは戦争中なのだ。戦闘機を送って欲しい」と訴えた。一方、ロシア大統領府のペスコフ報道官は、「(供与計画は)

非常に望ましくない。潜在的に危険なシナリオだ」とやり返した。

時間がたつにつれ、戦闘機支援の実現は難しくなっていく。米国防総省のカービー報道官は記者会見で、戦闘機の供与は「ロシアが激しく反発し、軍事的緊張が高まる恐れがある。リスクは高い」と慎重な姿勢を見せる。ドイツのショルツ首相も、ベルリンであったカナダのトルドー首相との合同記者会見で戦闘機供与に反対する考えを表明、トルドー氏も戦争を「拡大・悪化」させる恐れがあると警告し、供与見送りの流れが固まっていく。

結局、10日に米国のハリス副大統領がポーランドを訪問してドゥダ大統領と会談、合同記者会見でドゥダ氏が、ウクライナへの戦闘機供与問題は「NATO全体の判断に従う」との考えを示したことで、見送りが決まる。

だが、開戦から1年が過ぎると情勢が変わり始める。経験を重ねたことで、「ロシア領に入り込んで攻撃しなければ大丈夫」というロシアの「レッドライン」が見えてきたからだ。

ロシアも開戦以降、6000発を超す各種ミサイルをウクライナに撃ち込んでいるが、これまで1発もウクライナに隣接するNATO諸国には撃ち込んでいない。西側諸国がロシアの核脅威を気に掛けているのと同様、ロシアも西側諸国が核で応戦する可能性があると警戒しているのだ。双方の核抑止が働き、均衡が成立している状態と言える。

こうした状況の中、23年3月に入りポーランド、スロバキア両国によるミグ29戦闘機のウクライナへの供与が再浮上する。4月以降、順次、引き渡しが始まっており、最終的には20機以上が供与される見通しだ。

さらに他のNATO諸国もF16戦闘機のウクライナ供与に向けた取り組みを始めた。米国は「ロシアを刺激するのでは」と慎重な姿勢を示し続けてきた。だが、22年5月に広島であった主要七カ国（G7）サミットの場で、バイデン大統領はロシアへの越境攻撃には使わないことを条件にこれを容認した。NATO加盟国のデンマークやオランダなどがF16を供与する準備を進め、8月からデンマークがパイロットの訓練を開始、米国も10月から訓練を始める予定だ。約半年間の訓練を経て、24年に引き渡される見通しだ。

□コラム

**戦術核兵器と戦略核兵器**

明確な定義はないが、戦術核は、戦場での戦闘に使うことを想定した兵器。小型核や低出力核などとも呼ばれる。

対戦車砲やロケット弾、地雷、魚雷など種類も多い。中国やロシアが保有する最新鋭の極超音速（ハイパーソニック）兵器には戦術核も搭載できるとされている。

小型とはいえ、破壊力はすさまじい。米国が欧州諸国との核共有で使う「B61」型核爆弾の威力は、最小のものはTNT火薬換算で0・3キロトン。最大のものは、広島に投下された原爆（15キロトン）を上回る50キロトンもある。使えば多くの犠牲者が出る。

ロシアも数多くの種類の戦術核を保有する。2023年6月からロシア製戦術核の配備を始めたベラルーシは、その威力を「広島型の3倍」と表現している。

戦略核は、敵国の軍事基地や軍事工場、都市など戦略的な価値を持つ施設を破壊するために使う。東西冷戦中は、TNT火薬換算で100万トンに当たるメガトン級の核兵器が開発された。史上最大の核兵器は、ソ連が1961年に実験した水爆「ツァーリ・ボンバ（爆弾の皇帝）」で、威力は50メガトン以上とされる。

一般的には、大陸間弾道ミサイル（ICBM）や、潜水艦発射弾道ミサイル（SLBM）、核爆弾を大量に積み、長距離を飛ぶ戦略爆撃機などを戦略核と呼ぶ。

米ソ（露）両国は、72年に第1次戦略兵器制限条約（SALT1）を結んで以降、現在の「新戦略兵器削減条約（新START）」に至るまで、核兵器の保有数の上限を定める核軍縮条約を結んでいる。対象とする核兵器は、ICBMなどの戦略核に限られており、戦術核は条約の枠外にある。

そうした事情もあり、米露両国とも戦術核の保有数を公表したことはない。ロシアは約20

00発、米国は「B61」型核爆弾を数百発保有していると見られている。

## (2) ロシアが核に頼る訳

本節では、さらに一歩踏み込み、なぜ、ロシアは核兵器を脅しに使うのかを探る。その訳を探ると、ロシアの弱さが見えてくる。

ロシアの前身であるソ連は、米国に続いて１９４９年に初の核実験を実施、それ以降、米国との激しい核兵器開発競争を始めたのは、本書でこれまで見てきたとおりだ。

米ソ両国とも「やられたら、やりかえす」能力を身につけたことで、核戦争が起きる可能性は逆に下がった。そういう状況で、相手を攻撃するのは「自殺を決断したのと同じこと」とハーバード大学のグレアム・アリソン教授は表現する。専門用語でこれを相互確証破壊（ＭＡＤ）と表現する。冷戦時代は核兵器の数は増え続ける一方だったが、ＭＡＤのおかげで奇妙な安定が続いた。

だが、91年末のソ連崩壊で、均衡していた戦力バランスが崩れる。

おさらいしておくと、第二次世界大戦後の東西冷戦時代、その最前線にあった欧州では、西側は、米国や西欧諸国を中心とするＮＡＴＯ、東側は、ソ連や東欧諸国で構成するワルシャワ条約機構が対峙していた。しかし、89年11月のベルリンの壁崩壊に始まり、91年末のソ連崩壊という一連の流れの中で、ワルシャワ条約機構も91年7月に解散する。

ソ連を引き継いだロシアだが、歳入の屋台骨を支えていた原油価格の下落もあり、深刻な経済不振に陥る。軍事費も思うように手当てできない状態が続き、米軍事費のわずか1・5％にあたる40億ドルにまで落ち込む時期もあった。

ワルシャワ条約機構の解体で、東欧諸国の軍を失った形のロシアは、第二次世界大戦後、一貫して優位を保っていた通常戦力分野でも劣勢に立たされる。有事の際、一発逆転を狙う頼りになる兵器、それは核兵器しかなかった。端的に言えば、ロシアの弱さが核に向かわせたことになる。

まず手始めに93年、核兵器の「先制不使用」政策を廃止した。この政策は、核戦力でも米国と肩を並べたソ連時代の82年、ブレジネフ政権が「通常兵器だけで戦争に勝てる」という自信を背景に採用したものだ。それを捨てざるをえないほど、ロシアは凋落《ちょうらく》していた。

さらに、地域紛争で限定的に戦術核兵器を使うことを念頭に置く新たな軍事ドクトリンを制定した。99年にあったコソボ紛争が、その動きを決定づけた。

東西冷戦中、東にも西にも属さず、微妙な位置を保ち続けたバルカン半島の大国・ユーゴスラビアは、冷戦終結を機に地域のバランスが崩れた影響を受けて四分五裂する。91年6月に、スロベニアが独立戦争に勝利して分離独立を果たしたのを皮切りに、クロアチア、ボスニア・ヘルツェゴビナなどの独立が相次いだ。

アルバニア系住民が多数を占めるコソボ自治州も、セルビア人が多数派を占める旧ユーゴからの独立を求め、98年から対立が激化する。そうした中、NATOはコソボを支援するため、国連安保理の承認がないまま99年3月から旧ユーゴへの空爆に踏み切る。戦争は6月まで続いた。

私はウィーン特派員時代の2004年、初めて旧ユーゴ（当時はセルビア・モンテネグロ）の首都ベオグラードを取材で訪ねたが、軍参謀本部が入ったビルは終戦から4年以上たった後も破壊されたまま無残な姿をさらし、主要河川の橋も落ちたままだった。戦争の記憶があちこちに強く残っていた。

コソボ紛争と呼ばれた78日間の戦闘にはNATO加盟国19カ国（当時）のうち14カ国、1260機の航空機、3隻の空母、6隻の攻撃原潜が参加した。出撃回数は3万5000回、1万5000発の爆弾を投下した。NATO軍は、湾岸戦争を上回る規模で精密誘導弾やステルス機などのハイテク兵器を大量投入する。圧倒的な戦力を誇るNATO軍の損失は、わずか航空機2機とドローン16機のみ、パイロットの死者はひとりも出なかった。

コソボ紛争中、NATO軍はクラスター爆弾を大量に投下した。不発弾が多く、戦後も山や野原に落ちていた爆弾を子供たちがおもちゃだと思って触り、死傷する事故が相次いだ。私自身、紛争終結から7年後の06年、コソボでクラスター爆弾の被害に遭ったある家族を取材した経験がある。取材中、亡くなった長男（死亡当時11歳）の年齢を確認しようとした時、それまで部屋の隅に座り一言もしゃべらず黙っていた母親が即座に「18歳」と叫んだことが今でも忘れられない。母の心の中には、まだ息子は生きていた。

NATO軍のコソボでの快進撃は、ロシアに大きな打撃を加えた。

「NATOは、ロシアをはるかに上回る能力を持っている。だが、ロシアは当面の間、精密誘導弾など高精度の破壊力を手にできる可能性はない」

そんな厳しい現実に直面したからだ。ロシアは国連安保理でコソボ空爆に反対し、拒否権を行使した。だが、NATOはそれを無視し、「人道的な措置」を理由に掲げて空爆に踏み切った。ショックを受けたロシアでは、「今日はユーゴスラビアだが、明日はロシアだ」との認識が広がり、ロシアもいずれ攻撃されるのではないかとの危機感が高まっていく。

そうした情勢の中、ロシアのエリツィン大統領は、核兵器を重視する新たな軍事ドクトリンの作成を急がせる。とりまとめたのは、当時、安全保障会議書記だった現大統領のプーチン氏だ。「通常兵器では勝ち目はない」という認識をもとに、戦術核の開発と使用を重視する内容となった。

このドクトリン制定は、核をめぐる今日の世界を考える上で重要な転換点になる。

米国はステルス戦闘機や巡航ミサイル「トマホーク」などの精密誘導兵器をはじめとするハイテク兵器を手にしたことを背景に、冷戦後は核兵器の役割を低減させる方向にカジを切る。クリントン政権、ブッシュ（子）政権、オバマ政権がまとめた「核態勢の見直し（NPR）」は、いずれも核兵器の役割の段階的縮小を打ち出している。

一方、ロシアはこれとは正反対に、より核兵器に注力する方向に向かう。核大国である米露両国の立場は、99年のドクトリン制定を機に双曲線を描くように離れていく。その転換点にプーチン氏が深く関わったことは、歴史のあや以外の何物でもない。私にはそう映る。

ロシアは99年以降、軍事演習でも戦術核を使う想定のシナリオを導入する。ソ連崩壊後では最大規模となる5万人が参加した99年6月の演習では、ロシアが西側諸国から通常兵器で攻撃を受けて戦闘が始まるシナリオだった。ロシアは通常兵器で反撃を試みたものの、敵の進撃を止められない。踏ん張りきれず、核兵器の使用を決断する。当時のセルゲーエフ国防相は「他の手段がなくなった場合、核兵器の使用を考える」と説明した。

ロシアが実戦で使おうとする核兵器は、大陸間弾道ミサイル（ICBM）や潜水艦発射弾道ミサイル（SLBM）などの戦略核兵器ではなく、小型核や低出力核とも呼ばれる戦術核だ。小型とはいえ、その爆発威力は広島・長崎に投下された原爆を上回るものもある。都市攻撃に使われれば罪のない多くの市民が死傷するのは間違いない。

ロシアは今回のウクライナ戦争で、地対地ミサイル「イスカンデル」や、艦対艦ミサイル「カリブル」をウクライナに撃ち込んでいる。これらの兵器システムは、通常弾も戦術核のどちらも装着可能な「デュアル」性がある。ロシアが使うと判断すれば、いつでも核兵器を使える。そんな状況の中で、戦争が続いている。

## （3）危ういロシアの核理論

本節では、ロシアが戦術核の使用を正当化するために築いた理論を取り上げる。「エスカレート　トゥー　デエスカレート（エスカレート阻止）」と呼ばれるものだ。

この理論は、戦術核を使う（エスカレートする）ことで相手をひるませ、戦況を有利に運んだ上で紛争を終わらせる（デエスカレートする）ことを狙う。軍事演習にも組み込まれており、演習は必ず戦術核を使い終結する。核兵器の使用により、相手が降伏するか、休戦に応じることを前提としたシナリオとなっている。

ただ「この理論は、核戦略には正式に採用されていない」との見方や、「こんな理論があるぞと、ロシアが心理戦に利用しているだけだ」との分析もあることは押さえておきたい点だ。ロシアは、あえて、このあたりをあいまいにすることで、相手を疑心暗鬼に陥れる狙いがあると見られる。

大陸間弾道ミサイル（ICBM）などの戦略核兵器を使う本格的な核戦争は、打撃を被った相手からの反撃が必至となる。下手をすれば、人類滅亡につながる全面核戦争に発展する可能性もある。しかし、ロシアは戦術核を限定的に使う手法なら「手加減した損害」を被った相手が戦争継続意欲を失い、ロシアに有利な形で戦争を終結に導けるはずと考えている。ただ、この戦術には重大な欠点がある。相手が反撃にうってでる可能性を軽視している点だ。

参考になるのが、オバマ米政権が実施した戦争ゲーム（机上演習）だ。米国のノンフィクション作家、カプラン氏は著書『The Bomb』（未邦訳）でこの演習の様子を詳しく紹介している。ロシアの核理論が持つ「危うさ」や「読み違い」を考える際のヒントとなる。

ゲームはメンバーを替え2度実施された。1回目の参加者は各省庁の次官級、2回目は閣僚級だった。シナリオはいずれも同じ。ロシア軍がバルト諸国に侵攻し、NATO軍が迎え撃ち反撃する。次第に追い込まれたロシア軍は、突然、ドイツにあるNATO軍基地に戦術核を撃ち込む。ゲームはこの状況から始まる。「さて、どうするか？」というのがお題だ。

初回では、ゲームに参加した米軍の将校が、手際よく、核兵器をどこに、何発撃ち込むかという具体的な反撃策の提案を始めた。その時、バイデン副大統領の国家安全問題担当補佐官が「待った」をかけた。

「あなたたちは全体が見えていない」

補佐官は、さらにこう続けた。

「45年（の広島・長崎）以来、初めてロシアが核兵器を使った。全世界が反発するのは確実で、ロシアの指導者を孤立させ弱体化させることができる。だが、（我々が）核兵器で反撃すれば、米国はロシアと同列となり、絶好の機会を失ってしまう」

激論を経て、1回目の演習では、核兵器による反撃は見送られる。

だが2回目は、1回目とは正反対の結論が出た。1回目と同様に、ロシアの非倫理性を世界に訴えようという主張もあったが、国防長官の「同盟国の信頼維持のために核兵器による報復が不可欠だ」という発言が決め手となった。同盟国のドイツが核攻撃された際に米国が何もしなければ、米国の「核の傘」が「破れ傘」になり、NATOの結束が崩れてしまう。その主張が強い説得力を持った。ベラルーシに複数の核兵器を撃ち込む反撃策を選択して机上演習は終了した。

米国は、ロシアがエスカレート阻止理論や、軍事演習のシナリオに核兵器使用を盛り込むなど、戦術核の使用を前提としている状況を強く危惧する。特に、14年にロシアがウクライナのクリミア半島を一方的に併合して以降、その思いを強くしている。

米国では議論が続く。国防総省高官が議会で「核兵器を使うことで戦争のエスカレーションを制御できると考えるのは『火遊び』の考えだ。核兵器を使えば、さらなるエスカレーションを招く」と証言するなど、ロシアの理論は大きな「勘違い」に基づくものだとのメッセージを懸命に出し続けている。

米国はさらに踏み込む。トランプ前政権は「21世紀型の脅威に対抗する」ことを目指した18年の「核態勢見直し」(NPR)で、米国も「低出力核」と呼ぶ戦術核を導入する方針を打ち出したのだ。ロシアが戦術核を使えば、米国も戦術核でやり返すことを明確に示した。

実際、原子力潜水艦に搭載する潜水艦発射弾道ミサイル(SLBM)の一部を、90キロトンと破壊力の大きい戦略核兵器から、5キロトンと威力の小さい戦術核兵器に置き換えた。米シンクタンク、米科学者連盟(FAS)は、この戦術核を約50発製造し、19年末から原潜への配備を始めたとみている。

米軍はこの戦術核を原潜に配備した直後の20年2月、ロシアとの限定核戦争を想定した机上演習を実施した。ロシアが欧州のNATO諸国を戦術核で攻撃、米国も「限定的対応」で応じるシナリオで、米軍は新たに導入した戦術核を複数発、もしくは1発を発射して演習を終えた。

普段、演習は極秘扱いだが、国防総省はロシアに新しい戦術核を導入したことをアピールしようと、あえて記者団にレクした。そこにはロシアが戦術核を使っても願うような目的は達成できず、逆に核攻撃を受け「耐えがたいコスト」が生じると伝えようという意図があった。

ただ、米軍が「低出力核」と呼ぶ新たな戦術核を導入したことは米国内で大きな議論を呼んだ。

「核兵器がより使いやすい兵器になった」「ロシアとの核開発競争に拍車がかかる」――かつて米政権の中枢にいた32人が連名で、共和党の上院院内総務に書簡を送り、痛烈な批判を浴びせた。署名したメンバーの中には、レーガン政権時代にソ連との核軍縮交渉を手がけたシュルツ元国務長官や、ペリー元国防長官、ルーガー元上院議員、カートライト元統合参謀本部副議長なども居た。シュルツ氏は、戦術核であろうとも「核兵器は核兵器。小型核を使うと、大型核も使うことになる」と人間の心理のあやを指摘、核戦争が起きる可能性が高まったことを憂慮した。

一方、導入を支持する人々は「はっきりとしたメッセージをロシアに送ることで、核兵器を『使えない兵器』の状態のまま封印し続けることができる」と主張する。

ただ、ウクライナ侵攻を機に、ロシアのプーチン大統領がたびたび核兵器を脅しに使う状況を見ると、残念ながら、米国のメッセージはうまくロシアに伝わっていないように見える。

現在、世界最大の核兵器保有国はロシアだ。戦術核だけでなく、ＩＣＢＭやＳＬＢＭなどの戦略核も保持している。さらに、新型の核兵器である極超音速（ハイパーソニック）兵器などの開発も手がける。プーチン大統領は18年3月の国民向けの演説で、「無敵」と呼ぶ6種類の新型核兵器を公表している。

このうち半分はすでに触れたハイパーソニック兵器。さらに、超大型の新型ＩＣＢＭ「サルマト」だ。それに加え、超小型の原子炉を動力に使う地上発射型巡航ミサイル「ブレベスニク（通称・スカイフォール）」、同じく原子力を推進装置に使う長距離水中ドローン「ポセイドン」を披露した。

ロシアが核兵器にこだわるのは、経済力や国際的な影響力が中国などに抜かれる中、核戦力だけが、かろうじて米国と肩を並べるツールだからだ。核兵器は、ロシアが「超大国」であるための証。ロシアから見れば、オバマ元米大統領が提唱した「核兵器なき世界」の実現は、米国の軍事的優位を固定させ、ロシアが持つ数少ない政治的カードを奪う暴挙と映る。今後も、超大国としてふるまいたいロシアは核にこだわり続けていくことが想定される。

## （4）ロシアは核を使うのか？

オオカミ少年のように、核兵器を何度も脅しに使うロシアだが、本当に核兵器を使うのか。1945年8月の広島・長崎以降、78年間も使われることがなかった核兵器が、使用されれば歴史的な大事件となる。ただ、核兵器を使えば、ロシアの立場に一定の理解を示し、売り先を失った原油や天然ガスを積極的に購入、ロシア経済を支える中国やインドが反発することも想定される。そうなれば、ロシア経済は崩壊する。そんな度胸がプーチン氏にあるとは思えない。私はそう見ている。

ロシアが核兵器を使うために「エスカレート阻止理論」を構築したことは前節で紹介した。本節では、この理論に沿ってロシアが核を使う可能性について議論を進める。

ロシアはプーチン政権が発足して以降、核兵器を含めた兵器の近代化に着手した。原油高を追い風に資金も潤沢となり、10年代に入ると精密誘導兵器などのハイテク兵器の開発を本格化させた。15年から介入したシリア内戦で初めてこれらの兵器を実戦に使い、改良を重ねた。こうしたロシアの取り組みを目にしたNATO軍のスカパロッティ司令官は、翌16年に「ロシアは復活した」と指摘、現時点では米国の最大の脅威だと強い警戒心を示した。

だが、それでも米国を中心とするＮＡＴＯ諸国の方が通常兵器では圧倒的な優位にある。同僚記者の杉尾直哉《すぎおなおや》モスクワ支局長の取材によると、ロシアの核軍縮問題のシンクタンク「ＰＩＲセンター」のエブゲーニー・ブジンスキー氏は「ロシアが保有する戦闘機は２０００機だが、ＮＡＴＯは2万機もある」と歴然とした戦力の差を指摘した。戦いが始まればロシアは劣勢に追い込まれる可能性が高い。そんな時に核を使えば不利な状況を一発逆転できる可能性が生まれる。

ロシアの軍事情勢に詳しい東京大学先端科学技術研究センターの小泉悠《こいずみゆう》専任講師は『ロシアの核・非核エスカレーション抑止概念を巡る議論の動向』という論文で、米海軍分析センター（ＣＮＡ）が、ロシアの膨大な軍事出版物を分析した結果、エスカレート阻止理論は「いくつかの段階を踏んで実施されると想定される」と紹介する。状況により、核兵器を使う場所や数を選んでいくという見方だ。

こうした分析を今回のウクライナ侵攻に当てはめると、どうなるのか。

専門家は、ロシアはまず「ブラフ（はったり）ではない」と相手にすり込むために、核をちらつかせた威嚇を継続すると読む。その次は、核兵器を使うタイミングと方法になる。ロシア大使を務めた経験があり、バイデン米政権で最もロシア通とされる米中央情報局（ＣＩＡ）のバーンズ長官は22年4月のジョージア工科大学であった講演でこう指摘した。

「戦況の停滞を受けてプーチン大統領が自暴自棄になる可能性がある。そうなった時、戦術核兵器を使用する恐れがある」

国防総省傘下の情報機関トップであるベリア国防情報局（DIA）長官は、22年3月15日の米下院公聴会でこう証言した。

「ウクライナでの戦闘が長期化すれば、ロシアの通常戦力が落ち、核兵器に頼らざるを得ない環境が高まる」

侵攻から半年を過ぎて以降、対露制裁の効果が徐々に出始めている。ミサイルなどの兵器製造に不可欠な半導体の直接調達が難しくなったロシアは、カザフスタンやトルコなどに設立したトンネル会社経由で機器を調達、西側の制裁網をくぐり抜けようとしている。22年9月以降は、イラン製のドローン（無人機）数百機を調達したほか、北朝鮮から砲弾などの調達を進めるとされる。

欧米諸国は難しい対応を迫られている。大量の武器支援によりウクライナ軍が急速に失地を回復すれば、ロシアが捨て鉢となって戦術核兵器の使用に踏み切る可能性が出てくる。口には出せないが、「プーチン氏を怒らせてはいけない」という微妙な配慮も必要になる。

もし、核兵器が使われるとしたら、どこで使われる可能性が高いのか。専門家は、ロシアはまずデモンストレーション用に使うと読む。陸地ではなく黒海《こっかい》、陸地なら人口が希薄な地帯、さらには、西欧諸国の近海に核爆弾を爆撃機で落とす可能性がある。

狙いは、核兵器使用は「ブラフ（はったり）ではない」ことを相手に知らしめることにある。相手がこれで引き下がれば、エスカレート（核兵器使用）することで、デエスカレート（紛争終結）を達成できる。それでも相手が引き下がらなければ、ウクライナ軍の基地に1～2発撃ち込む可能性が出てくる。

すでに紹介したように、米国が実施した机上演習では、ロシアが核兵器使用に踏み切れば、米国も核で反撃するケースもありうる。退役海兵隊大将のマティス米国防長官は、戦術核と戦略核を区別することには意味はなく、「どんな核兵器であろうと、使われれば戦略的変化をもたらす」と述べたことがある。

21年にノーベル平和賞を受賞したロシア独立系紙「ノーバヤ・ガゼータ」のドミトリー・ムラトフ編集長は22年5月、ロシアが核兵器使用に踏み切れば、ロシアが勝利する形で「戦争の終わり」を迎えるのではなく、人類を「終わりに導く」と警告した。ちなみに、米プリンストン大学が19年に発表したシミュレーションによると、米露で核戦争が勃発した場合、開戦から数時間で３４００万人が死亡、５７００万人が負傷する大惨事となる。

ただ、ロシアの核の脅しは「ブラフに過ぎない」との見方も根強い。米国の保守派の論客である米ジョージタウン大学のマシュー・クローニグ教授は、過去にも核兵器を脅しに使った例を紹介しながら、こう指摘する。

「核兵器国は、（人類）絶滅を恐れて核兵器を使った戦争はできない。だが、核兵器は脅しに使える。核のチキンレースはできる」

教授は、核兵器で脅した過去の例として、

・50年代のベルリン危機
・62年のキューバ・ミサイル危機
・69年の中ソ国境紛争
・73年の第四次中東戦争
・99年にインド・パキスタン両核保有国が一触即発の状態に陥った事態
・北朝鮮が大陸間弾道ミサイル（ＩＣＢＭ）実験を繰り返したことに腹を立てたトランプ前米大統領が、北朝鮮への核攻撃を示唆した17年の「炎と怒り（Fire and Fury）」発言事件

――を挙げている。もちろん、核兵器は使われなかった。

専門家の間では、これ以外にも、

・54年～55年の第1次台湾海峡危機
・56年のスエズ危機
・69年秋にニクソン米政権がソ連に向けて多数の戦略爆撃機を飛ばしたマッドマン事件
――などを挙げる人もいる。

歴史を紐解《ひもと》くと、実は核兵器を使った威嚇は決してプーチン氏の「お家芸」ではないことがわかる。人類が核兵器を手に入れて以降、こうした威嚇劇は、何度も繰り返されてきた。ただ、今回は軍事侵攻に踏み切った当事国のトップが、侵攻と並行して核兵器を威嚇に使うことを繰り返す点がこれまでとは違う。その違いは大きいと私は受け止めている。

## (5) ベラルーシとの核共有

ロシアは2022年2月にウクライナに侵攻したのを機に、核兵器に関する従来の主張を改め、ベラルーシとの「核共有」を模索し始める。実は、ロシアは少なくとも14年以降は核共有を「核拡散防止条約（NPT）違反だ」と米国を批判してきたが、この主張を180度改めた。

ベラルーシとの核共有が浮上したのは22年6月25日、ロシアの商都サンクトペテルブルクであった首脳会談の場だった。

ベラルーシのルカシェンコ大統領が「私たちの戦闘機に核兵器を載せられるように手助けして欲しい」と願いでると、ロシアのプーチン大統領は、ベラルーシ空軍の戦闘機に核爆弾を載せられるよう改造し、ロシア国内で訓練を実施すると請け合った。さらに、通常兵器だけでなく核ミサイルも使える「イスカンデルM」戦術ミサイルシステムを「数カ月以内に供与する」と踏み込んだ。

NPTは、核兵器を保有できる国を米英仏中露の五カ国だけに限定し、ベラルーシなど非核兵器国の核兵器保有を禁止している。第一章で詳しく述べたが、ロシアがベラルーシに核兵器を渡せば、明確なNPT違反となる。このため、ロシアは米国が欧州諸国と実施する「核共有」と同様の手法を使う。ベラルーシに配備した核兵器を平時はロシアが管理し、有事の際はベラルーシの戦闘機に核を搭載する手法だ。

ベラルーシは、91年末に崩壊するまでソ連を構成する共和国で、約800発の核兵器が配備されていた。その中には、米国に照準を定めた大陸間弾道ミサイル（ICBM）も81基あった。

91年末のソ連崩壊に伴い、ベラルーシ、ウクライナ、カザフスタンに配備されていたＩＣＢＭの扱いが大きな焦点となる。米国は「旧ソ連から新たに3つの核兵器保有国が生まれた場合、国際情勢の不安定化を招く。核兵器の紛失の可能性もあり心配だ」と、核兵器放棄を強く求めた。ソ連崩壊により世界唯一の超大国となった米国は圧力をかけ続けた。その結果、核兵器のロシアへの移送と、三カ国が「非核兵器国」の立場でＮＰＴに加入することが決まる。92年5月にポルトガルの首都リスボンで結んだ「リスボン議定書」で正式にこれが決まった。

ベラルーシは、翌93年7月にＮＰＴに加入し、すべての核弾頭を96年11月までにロシアに運び出した。約束通り非核化を果たし、国際社会から賞賛を浴びた。さらに、自らの憲法に「自国領を非核地帯とし、中立国を目指す」との条文も盛り込んだ。

しかし94年7月に就任したルカシェンコ大統領の心中は複雑だった。核兵器のロシアへの移送は、91年の独立後に国家元首を務めた「シュシケビッチ最高会議議長が決めたものだ」と主張し、ＩＣＢＭの一部をロシアに返還せず、ベラルーシにそのまま置き続ける策を探った。また、核弾頭の中にある高濃縮ウランは、薄めれば原子力発電所の核燃料にも転用できるとして、ロシアにそれを手渡す代償として５０００万ドルを支払うよう求めた。

サイロの爆破作業については21年11月末、ロシア・メディアにこう語っている。

「米国がロシアのエリツィン大統領に圧力をかけ、エリツィンが『すべてのサイロを爆破しないといけない』と圧力をかけてきた。私は『イヤだ』と言ったが、すごい圧力だったので、仕方なく森の中にある1カ所のサイロを爆破した」

破壊は1カ所にとどめ、それ以外のサイロは「今も使える」とも話す。

エリツィン氏は、核兵器の引き渡しを渋ったベラルーシなどに脅しをかけた。「核兵器は97年に寿命を迎える。安全を保つには核兵器を解体するしか手がない」と。ただ、解体には専門知識が必要となる。さらに、巨額の費用もかかると付け加えた。そして、ささやいた。「お見受けしたところ、あなたたち三カ国にはそうした技術や資金がないように見える。素人が核兵器を扱えば、最悪の場合『第2のチェルノブイリ事故』が起きるかもしれない」

決めぜりふは「ロシアは寿命を終えた核弾頭は受け取らない。渡すなら今すぐだ」だった。

いまもなおベラルーシの大統領の座にあるルカシェンコ氏は、ロシアがウクライナに侵攻した3日後の22年2月27日、憲法改正を問う国民投票を実施し賛成多数で承認を得た。国是としていた「非核地帯」条項が廃止され、ロシアの核兵器を受け入れる際の障害は取り除かれた。

憲法改正の最大の狙いは、ルカシェンコ氏の大統領任期の延長問題にあった。改正前の規定では、6期目の任期を終える25年にルカシェンコ氏は大統領職を辞さなければならない。

だが、改正案承認により、さらに2期10年間、35年まで職にとどまることが可能となった。その年、ルカシェンコ氏は81歳となる。ちなみに、2歳年上のプーチン氏は、すでに同様の憲法改正をしており、最長で36年（年齢なら83歳）までロシア大統領に君臨することができる。

ベラルーシがロシアの核兵器配備を熱望する背景には、NATOの東方拡大が大きく影響している。ベラルーシの西隣に位置するポーランド、北隣のリトアニアは、ともにNATO加盟を果たし、ベラルーシは有事の際は、両国が攻め込んでくる可能性があると恐れている。

軍事演習でも、09年にロシアがベラルーシなど友好国と実施した大規模軍事演習「ザパド2009」では、ポーランド、リトアニア両国がベラルーシに侵攻した場合を想定したシナリオを採用した。13年の演習でも、欧米諸国の支援を受けて武装したテロリストが、ベラルーシやロシアに侵攻して局地的紛争が起こり、ロシアが戦術核兵器を使い、敵の戦意を失わせるシナリオが採用されている。

ロシアのプーチン氏は23年3月25日、ベラルーシへの戦術核配備を表明した。4月から要員訓練を始め、6月から戦術核の配備に着手した。欧米諸国は強く反発したが、プーチン氏は「米国は何十年も前から同様のことをしてきた」と意に介する様子もない。

では、ロシアのベラルーシへの戦術核配備は、欧州諸国にどのような影響を与えるのか。

多くの専門家は「安全保障環境は大きくは変わらない」とみる。その理由は、ロシアがベラルーシより距離的に欧州諸国に近いロシアの「飛び地」であるカリーニングラードに、すでに核ミサイルが搭載可能な「イスカンデルM」の配備を終えているからだ。ただ、ロシアから見ると、カリーニングラードだけに核兵器を集中的に配備するより、ベラルーシにも分散配備した方が、有事の際の残存率が高まる効果が期待できる。

一方、ベラルーシの安全保障環境は、核兵器が配備された場合、日本のケースを扱った第一章の考え方と同様で、従来より大幅に低下する。有事の際、NATOの攻撃対象となる。それも真っ先に攻撃される可能性が高まるためだ。

ベラルーシの初代指導者だったシュシケビッチ元最高会議議長は、ソ連への核兵器移送を推し進めようと、同僚たちに「紛争になれば、第1撃の標的は核兵器のある場所になる。(我々は)火薬庫の上に座るのか」と説得を続けた。核共有を模索する現在の日本への警告とも言える言葉だ。

議長は、核兵器を放棄した方が安全保障環境が増すと重ねて訴えた。核物理学者である議長の呼びかけは説得力があり、ベラルーシの核廃棄の流れは決まった。そのベラルーシが再び火薬庫の上に座る事態はまさに歴史の皮肉以外の何物でもない。私はそう思いながら見つめている。

## (6) ウクライナとブダペスト覚書

ロシアのウクライナ侵攻が始まる2日前の2022年2月22日、ウクライナのクレバ外相は米フォックス・テレビに出演し「(ウクライナが) 核兵器放棄を決めたのは、賢明な判断ではなかった」と述べた。さらに「当時、もし米が露とともにウクライナの核兵器を奪わなかったら、(ウクライナは) もっと賢明な決定を下すことができただろう」とも語った。

ウクライナは前節で触れたベラルーシやカザフスタンと同様に1991年に独立、96年までにすべての核兵器をロシアに移送し非核兵器国となった。外相の発言は、もし、あの時に核兵器を放棄しなかったら……との思いがにじむ。ウクライナでは、非核化を成し遂げたクラフチュク初代大統領を「戦うことなくロシアに降伏した」と批判する声もあると伝えられる。

ロシアなど15の共和国で構成されていたソ連は、すべての共和国に戦術核兵器を配備し、ロシア、ウクライナ、ベラルーシ、カザフスタンの4共和国には大陸間弾道ミサイル (ICBM) など戦略核兵器も配備していた。戦術核は、ソ連崩壊直前の91年12月に全共和国が参加した会議でロシアへの移送が決まるが、戦略核の扱いはその場では決まらなかった。

| 共和国名 | 戦略核兵器 | 戦術核兵器 | 合計数 | シェア |
|---|---|---|---|---|
| ロシア | 8,750 | 8,525 | 17,275 | 65.6 |
| ウクライナ | 1,750 | 2,605 | 4,355 | 16.1 |
| カザフスタン | 1,400 | 650 | 2,050 | 7.6 |
| ベラルーシ | 100 | 1,120 | 1,220 | 4.5 |
| ジョージア | | 320 | 320 | 1.0 |
| アゼルバイジャン | | 300 | 300 | 1.0 |
| アルメニア | | 200 | 200 | <1.0 |
| トルクメニスタン | | 125 | 125 | <1.0 |
| ウズベキスタン | | 105 | 105 | <1.0 |
| モルドバ | | 90 | 90 | <1.0 |
| キルギスタン | | 75 | 75 | <1.0 |
| タジキスタン | | 75 | 75 | <1.0 |
| リトアニア | | 325 | 325 | 1.0 |
| ラトビア | | 185 | 185 | <1.0 |
| エストニア | | 270 | 270 | 1.0 |
| 合計（概数） | 12,000 | 15,000 | 27,000 | 100 |

1991年時点のソ連核兵器配備状況（出典　「The Soviet Nuclear Weapon Legacy : SIPRI 1995」）

核兵器の拡散を嫌う米国が強い圧力をかけたことで、ウクライナ、ベラルーシ、カザフスタンの三カ国は、ソ連を引き継いだロシアへのＩＣＢＭ移送を受け入れる。移送は96年までにすべて終えた。

三カ国は、90年代初頭に自主的に核兵器6発を解体して廃棄した南アフリカとともに、平和的に核廃棄を成し遂げた「お手本」と賞賛された。当時の国際社会は、北朝鮮やイラクの秘密核開発問題への対処に追われていた時期に当たり、ウクライナなどの取り組みは「美しい話」として持ち上げられた。

実は、私もこの本を書くまでは、この「美しい話」を信じ込んでいた。しかし、調べてみると、ウクライナの非核化は予想していた以上の迷走劇だったことがわかる。

ロシアと親密な関係にあるベラルーシと、セミパラチンスク核実験場があり、降り注いだ放射性物質で１５０万人もの人に健康被害が出たカザフスタンでは、細かなトラブルこそあったものの、ロシアへの核兵器移送はおおむね順調に進んだ。しかし、ウクライナでは非核国を目指す理想派と、ロシアへの反発をもとに核武装を維持しようとする現実派が激しく対立した。正直、私にとってこれは驚きだった。核兵器の廃絶は思っていた以上に国益がからむ複雑な作業であると実感した。

ウクライナの核廃棄はどのような経緯があったのか。日本ではほとんど触れられたことがない話をこれから紹介する。まずは91年末のウクライナ独立前後から歴史をトレースする。

91年末のソ連崩壊を受けて独立を果たしたウクライナは、独立により、見かけ上は米露に次ぐ世界3位の核大国になった。ソ連がＩＣＢＭや戦術核兵器など合わせて約４３００発の核兵器を配備していたためだ。ただ、ウクライナは核兵器が配備されていた基地に立ち入ることすらできなかった。独立後も、核兵器はすべて「モスクワ」が管理していた。

ウクライナの選択肢は、このまま核兵器保有を続けるか、それともロシアに引き渡すかの二つに一つ。ただ、核保有を続ければ強い批判を浴び、国際的に孤立するリスクのほか、どうやって核兵器を扱うかという難題もあった。

ウクライナでは86年4月、史上最悪の原発事故となるチェルノブイリ原発事故があった。90年7月の独立を目指す主権宣言を出した時点では、この悲惨な記憶が色濃く残っていたこともあり、非核兵器国になると宣言する。さらに91年8月の独立宣言（12月の国民投票を経て正式承認）でも日本の非核三原則に似た「核兵器を受け入れず、生産せず、保持もしない」という非核化宣言をした。

その約半年後の92年5月に「リスボン議定書」が採択された。ウクライナなど三カ国に配備してあるすべての核兵器のロシア移送と、三カ国が核拡散防止条約（ＮＰＴ）に非核兵器国の立場で早期加入することが決まった。

ただ、ウクライナなど三カ国は大きな不安を抱える。独立したばかりの三カ国は、十分な力を持つ軍隊を整備する余力がまだないためだ。核兵器放棄は、ある意味、丸裸になることを意味していた。

この不安解消を狙ったのが「ブダペスト覚書」だ。94年12月、ハンガリーの首都ブダペストであった国際会議で、米国、ロシア、英国の三カ国は、ウクライナ、カザフスタン、ベラルーシの三カ国の安全を「保証」すると請け合う覚書に署名した。三カ国の領土保全や政治的独立に対して脅威を及ぼしたり、武力を行使したりすることを自重するほか、経済的な圧力も慎み、万が一、侵略行為があった場合は、即座に国連安全保障理事会に行動を求める——ことなどが記された。

米英露の三カ国に加え、中国、フランスも同様の文書を三カ国と交わす。国連安保理の常任理事国すべてが三カ国の安全を保証する「最強の文書」と誰もが思い、ウクライナのクチマ大統領は「神様の懐に抱かれたような幸せな感覚」に包まれた。そして「我が国には軍隊など不要」とまで考える。

核拡散防止の観点でも、ブダペスト覚書は画期的な文書だった。東西の冷戦が終わり「平和の配当」を享受する時代がようやく到来した。その輝かしい成功例として長く語り継がれる伝説となるはずだった。しかし、悪魔は細部に宿っていた。

「ウクライナ語の文書では『安全保障』という言葉が使われているが、英語版をみると『安全保証』という言葉が使われている」

ロシアが一方的にウクライナのクリミア半島を併合した14年の暮れ、米国の首都ワシントンのシンクタンク、ブルッキングス研究所であったシンポジウムで、ウクライナカソリック大のザイツェル教授は驚きの声を上げた。指摘した文書は94年にウクライナなど三カ国が米英露と取り交わした「ブダペスト覚書」だ。

「安全保障」は英語ではsecurity guarantee（セキュリティー・ギャランティー）、「安全保証」はsecurity assurance（セキュリティー・アシュアランス）と記述する。しかし、覚書の英語版では、「アシュアランス」が使われていた。何が違うのか。このシンポジウムに参加していたパイファー元米ウクライナ大使は、「保障」と「保証」では言葉の重みが全く違うと解説を始めた。

覚書をめぐる交渉にも参加したパイファー氏はこう言った。

「『ギャランティー（保障）』という言葉は一般的に軍事関与を含む意味を持つ。93年時点では我々はその用意はなく、（政権内の）法律顧問は我々に『アシュアランス（保証）』という言葉を使うよう勧めた」

米国は、同盟関係にあるＮＡＴＯ諸国や日本に、有事の際には軍事行動を含めた「安全保障」を約束している。しかし、ウクライナなど3国に与えたのは「あなた方を応援している」という「安全保証」にすぎなかった。

パイファー氏の話を聞いたザイツェル教授は「ウクライナの失敗は『保証』にすぎない約束を、『保障』だと信じ込んでいたことにあった」と嘆いた。ウクライナの人々は、ロシアが14年にクリミア半島を一方的に併合した際、ブダペスト覚書でウクライナの安全を「保障」したはずの米英両国が、ウクライナに援軍を送るそぶりすらみせなかったことに疑問や不信の念を抱いた。だが、軍の派遣などそもそも覚書には盛り込まれていなかったのだ。

すべてを悟った教授は痛烈な米国批判を始めた。

「米国はウクライナの核放棄という成果を手に入れた。しかし、ウクライナは安全保障もないまま（丸裸の状態で）NATOとロシアの間に置かれ続けてしまった」

ウクライナ現代史を専門とする教授でさえ見抜けない巧妙な「ワナ」とも言えるが、実はそれに気づいた老獪《ろうかい》な紳士が居た。フランスのミッテラン大統領だ。ミッテラン氏は署名直後、クチマ氏に「この文書を信用してはいけない。いずれ後悔する時が来る」とささやいた。

それから20年後の14年、ロシアはウクライナのクリミア半島を一方的に編入、そして、22年2月には全面侵攻に踏み切る。ミッテラン氏の予言通り、覚書は単なる「紙切れ」になった。

本節の冒頭に触れたウクライナのクレバ外相の発言、つまり、ウクライナが核兵器を持ち続けようと格闘していた話に戻る。ここからは「裏歴史」とも呼べる世界になる。

独立を機に非核化を選択したウクライナだが、揺り戻しが起きる。原因は、極度の経済不振とクリミア半島問題だった。

ウクライナは、93年には年率1万%にも達する超ハイパーインフレに見舞われる。コロナ禍のあおりを受けて物価高に悩む日本だが、この数字は想像を絶する猛烈な物価高だ。同様の経験に見舞われた経験があるベオグラード在住のセルビア人助手は、当時の様子を、こんな風に解説してくれた。

「スーパーに行った時のことだ。品不足のため、例によって長蛇の行列。長い時間をかけてやっと売り場にたどりつくと、驚いたことに、値札が差し替えられ、すべての商品の値段が上がっていた」

ウクライナでは、供給の大部分をロシアに頼る石油やガス料金の支払いができなくなり始める。25億ドルの資金を手当てできなかったウクライナは、独立を機に手に入れた黒海艦隊をロシアに引き渡し、艦隊が拠点を置くクリミア半島のセバストポリ港の使用を認める屈辱的な代位弁済に追い込まれてしまう。ロシアのエリツィン大統領はこの取引にいたく満足し、

93年9月7日にあったクリントン米大統領との電話会談の際に「(艦隊を取り戻すための)クリミアへの旅は大収穫だった」と誇らしげに語っている。セバストポリ軍港を見下ろす丘には、いまもレーニン像が建っている。

クリミア半島はもともと、ウクライナ共和国ではなくロシア共和国に帰属する地域だった。しかしフルシチョフ政権時代の54年に帰属をウクライナへと変更する。ともにソ連に属していた時代は何も問題はなかったが、91年末のソ連崩壊で両共和国がそれぞれ独立したことで問題化する。

私はウィーン特派員時代の04年春、ポーランドなど東欧諸国のEU加盟をウクライナの人々がどう受け止めているかを探ろうと10日間ほどウクライナを訪れたことがある。ポーランドから空路でリビウ(旧リボフ)に入り、南下してスロバキア、ハンガリー国境に近いザカルパチア地方を歩いた後、首都キーウ(旧キエフ)、さらにクリミア半島に飛んだ。キーウまでの取材は英語を話すウクライナ人通訳と仕事をしたが、クリミアではロシア語通訳を雇った。クリミアでは6割以上の人がロシア系の人々で、ウクライナ語ではなく、ロシア語を話す通訳がいないと仕事にならないからだ。

クリミアは、14年にロシアが一方的に併合して以降、欧米や日本では、ロシアが「悪」、ウクライナが「善」という構図が固まっている。本当にそうだろうか。

実は、クリミアはソ連崩壊以降、ウクライナでは少数民族のロシア人が自治権拡大を求め戦い続けた地でもある。94年3月にあった住民投票では、クリミアの自治権拡大や、ロシアとの二重国籍容認を求める声が8割近くを占めた。スペインのカタルーニャ地方や英国のスコットランドなど自治権拡大や独立を求める地域と同じだ。

だが、クリミアでも同様の事情があることは、なぜか日本ではほとんど知られていない。英国から独立を望むスコットランドには共感し、クリミアの分離独立には疑問を投げかける。

セバストポリ港を見下ろす丘に建つレーニン像(2004年4月、ウクライナ南部クリミア半島のセバストポリで、筆者撮影)

もしそうなら、「内なる反露感情」など自分が持つバイアスを一度、点検してみた方が良いだろう。国際政治を見る際は、どちらの側にもくみせず、中立的な立場から事象を見た方が問題の本質がよく見える。私はそう思っている。その上で、判断すれば良い。もちろん、そうした中立的な目で見ても、ロシアによる一方的なクリミア編入は、暴挙であると私も考えている点は強調しておきたい。

話を本題に戻そう。極度の経済不振やクリミアの問題も重なり、ウクライナでは徐々に反ロシア感情が強まっていく。複雑な事情を背景に、すべての核兵器をロシアに引き渡すことを考え直そうという動きも高まっていく。

当時を知る軍縮交渉の米専門家、トーマス・グラハム元大使は「ウクライナの担当者は核兵器放棄に後ろ向きだった。彼らは『ウクライナは東のフランスだ。フランスが自前の核兵器を持つように、我々もそうすべきだ』と語った」と振り返る。

ウクライナの抵抗が92年3月から始まる。戦術核のロシアへの移送を一時中止したのを手始めにさまざまな手を繰り出し始めた。その姿は「チップも持たず、(トランプの)ポーカーゲームを戦った」と表現されるほど、無謀とも言える戦いだった。

93年4月には、議会が核弾頭を解体し、核弾頭内の高濃縮ウランをウクライナに取り置こうとの主張を始めた。さらに7月には核兵器の所有権は「ウクライナにある」と踏み込んだ。11月には、1年半前の「リスボン議定書」で約束した早期のＮＰＴ加入を拒否する考えも打ち出すなど過激化する。

非核化が滞ることを心配した米露は対応を余儀なくされた。核兵器を受け取るロシアは、代償としてウクライナに原発の核燃料１００トンを無償供与すると表明、米国はＩＣＢＭを収容するサイロの解体費用として1億7500万ドル、経済支援として3億ドルの供与を決めた。

米露と交渉を進める一方、ウクライナはひそかにソ連製ICBMを自分たちで使いこなす術《すべ》も探り続けた。しかし、それはそう簡単な作業ではなく、さまざまな厚い技術の壁が立ちはだかった。

例えば、核兵器の発射コードだ。ロシアは大統領、国防相、軍参謀総長の3人がそれぞれ3桁の発射コードを持っている。例えば、大統領が「123」、国防相が「456」、軍参謀総長が「789」という具合だ。3つがそろい「123456789」と9桁になって初めて、ミサイルは発射できる。ウクライナがミサイルを自らのものとするには、この発射コードを解明し、自国用のコードを設定する必要があった。その作業は92年から93年にかけて続いた。

2番目の問題はミサイルの照準だった。ウクライナに配備してあるICBMは、冷戦中に配備されたこともあり、米国に照準を定めていた。ウクライナは、その標準を潜在的な敵と位置づけるロシアに変更しようと試みた。独自の発射コードを設定できても、照準を変えられなければミサイルはロシアではなく、米国に向かって飛んでいってしまうからだ。

ウクライナには「SS19」と「SS24」の2種類のICBMが配備されていた。SS24は、慣れないウクライナでも容易にメンテナンスができる固体燃料を使う。だが、ミサイルを飛ばす先を設定する照準プログラムはソ連製。ミサイルの最小飛距離も数千キロと長く、ロシア向けの短距離ミサイルに改造するのは、極めて複雑な作業が必要だった。

一方、ＳＳ19は、扱いが難しい不安定な液体燃料を使うため、ウクライナには手が出しにくい代物だった。だが、最小飛距離は２４００キロとロシア攻撃用には最適だった。発射コードや照準設定プログラムも、ウクライナが作成に関わった経緯があり、突破できる可能性があるとウクライナは踏んだ。しかし、新たな照準の設定には正確な地図が必要となる。そんな地図も、それを作成するために必要な全地球測位システム（ＧＰＳ）のようなシステムもウクライナにはなかった。

旧ソ連を重工業分野で支えるなどウクライナの科学技術やエンジニアリング能力は高い水準にあった。だが、核兵器のコード解読や照準の再設定という難問は解けず、さらに年間数十億ドルにも達する巨大な核ミサイルの維持費用を手当てする体力もなかった。

こうした紆余《うよ》曲折を経て、ウクライナは独自の核武装を断念する。すべての核兵器を96年6月までにロシアに引き渡す。移送終了を受け、クチマ氏はこう演説する。

「すべての核兵器保有国がウクライナと同じ道を選び、核兵器廃絶に取り組み、地球から一刻も早く永遠に取り除くべきだ」

「表の歴史しか知らなければ、感動的な名演説とも言える。だが、裏歴史を知ってしまった今、どう受け止めれば良いのか。なんとも皮肉な演説と思うのは、私だけではないはずだ。核をめぐる世界には、「美しい」話などなく、いつもドロドロの欲望が渦巻く話ばかり。残念ながら、それが現実と割り切るしかなさそうだ。

## (7) 米露蜜月が終わった訳

2022年2月のロシアによるウクライナ侵攻で、米露両国の関係は当面の間、修復が不可能な状況に陥った。両国は、あわせて世界の9割以上の核兵器を保有する核大国なだけに、国際社会に与える影響は計り知れない。米露が蜜月《みつげつ》関係にあり、冷戦終結に伴う「平和の配当」を享受していた時代は、なぜ、終焉を遂げてしまったのか。ロシア問題を扱う本章の締めとして、本節では、米露関係が悪化した経緯や背景を探りたい。

米露関係に変調の兆しが出始めたきっかけは、07年2月のプーチン演説だったとの指摘が定説になっている。ドイツのミュンヘンで毎年開かれる安全保障会議に参加したプーチン露大統領は、NATOが東欧やウクライナなど旧ソ連諸国へと拡大を続けようとする動きや、米国を痛烈に批判した。

この流れはその後も続き、翌08年8月、ロシアはNATO加盟を強く望むジョージアに侵攻する。そして14年には、ウクライナのクリミア半島を一方的に併合してしまう。

本書では、これまで1999年のコソボ紛争をきっかけにロシアが戦術核兵器の使用を念頭に置き始めたこと、米国のブッシュ（子）政権が01年5月に弾道弾迎撃ミサイル（ABM）制限条約から一方的に離脱を宣言したこと、そして、「ロシアを見下しても許される」という米国のおごりが通奏低音をなしていたと指摘してきた。

さらに、こんな指摘もある。ロシア通で知られるバーンズ米中央情報局（CIA）長官は、19年に出版した回顧録『バックチャネル』（未邦訳）で、米露関係が悪化に向かった分水嶺《ぶんすいれい》は、04年9月の「ベスラン学校占拠事件」にあったとの解釈だ。

この事件は、黒海とカスピ海に挟まれたコーカサス地方にある北オセチア・ベスランにある中学校を、同じくコーカサス地方にあるチェチェンの分離主義者約30人が占拠したことで始まる。

7歳から18歳までの生徒や保護者など約1200人が人質となり、3日目に人質解放を目指したロシア特殊部隊が突入したものの銃撃戦となった。400人近くが死亡、700人以上が負傷した。子供たちの死者が186人に上る悲惨な事件となったことから、特殊部隊の突入は「強権的過ぎるのでは」との国際的な批判が上がる。

ロシアではその以前にも02年10月にモスクワ劇場占拠事件、04年2月にモスクワ地下鉄爆破事件などのテロ事件が相次いでいた。そのたびにプーチン政権は「テロリストとは交渉しない。殲滅《せんめつ》あるのみだ」と強硬姿勢で臨んだ。国民をそれを支持していた。

ブッシュ米政権も、01年9月の米同時多発テロ事件をきっかけに、「テロとの戦い」でロシアとの連携を強めており、プーチン氏の取り組みを支持してきた。

だが、ベスラン事件をめぐる解釈は、欧米とロシアで分かれる。プーチン氏はこれに大いに失望、バーンズ氏は「欧米への見方を一変させるきっかけになった」と指摘する。

バーンズ氏と同様、米露の思考法の違いに注目する人物が居る。トランプ前政権で初代国務長官を務めたティラーソン氏だ。17年1月11日、国務長官指名のため米議会上院の公聴会に臨んだ際、米露対立が続くのは「ロシアが米国と同じ考えをすると我々が勘違いしていることに原因がある」と述べた。歴史や文化の違いを背景に、米露には異なる考え方があり、それを認識した上で接しないと、ロシアと良い関係は築けないとの見解だ。

当時、ワシントン特派員だった私は、この公聴会を取材した。当初は緊張気味だったティラーソン氏が、ロシア問題に入ると自信満々に持論を展開していたことを思い出す。ロシアを「知り尽くしている」という自負を感じた。

ティラーソン氏は、世界最大のエネルギー企業、エクソンモービルの会長を10年も務めた。入社以来、一貫して採掘・探鉱部門を担当し、冷戦終結後はロシアのガス・石油開発に関わった。日本企業も参加するサハリンの天然ガス開発や、ロシアの国営石油企業ロスネフチと合弁で北極海大陸棚の海底油田開発に取り組んできた。

こうしたことが評価され、13年にはプーチン氏から友好勲章を授与されるなど、米国人としては、キッシンジャー元米国務長官に次ぎプーチン氏との面会回数が多いロシア通として知られる。


私は冷戦終結直後の93年に、取材で米国を訪ねたことがある。与えられたテーマは、冷戦終結で仕事が減った軍事産業や、そこで働く人々の実態を描くことだった。まずは東京からロサンゼルスに飛び、軍事産業大手のノースロップ社（当時）の工場を訪ねた。デビュー前のマリリン・モンローが働いたこともあるという工場で働く従業員に質問をぶつけた。

「軍事産業の再編で従業員の解雇が相次いでいる。失業を心配せずに働くには、冷戦が続いた方が良かったのではないか？」

答えは、まったく予想もしないものだった。

「ソ連との核戦争の危険が無くなり、夜も安心して寝られる時代になった。息子が戦争に駆り出されることもなくなる。それに比べたら失業なんて小さな問題。新しい職を見つければ良いだけだ」

米国では、日本と違い、冷戦が日常生活に深く浸透していた。それを知る貴重な経験だった。米露の対立再燃は、「新たな冷戦時代」の到来とも呼ばれる。核戦争の恐怖におびえながら暮らす時代に戻るのか、解決策が見つからない日々が続く。

本章では、ロシアが核兵器に頼る訳や、米露対立が再燃した背景を、歴史、戦術の面から探った。終わりが見えないウクライナでの戦争で、核兵器が使われないことを切に願い、この章を終えることにする。

# 第四章　核の闇市場を探る

## （1）核拡散とスパイの役割

米国と英国の情報機関は２００３年12月、北アフリカのリビアの秘密核兵器開発計画を暴露した。カダフィ大佐の専制で知られる産油国だが、工業力はない。核開発を手助けしたのは誰か。浮かび上がったのは「核の闇市場」と呼ばれるナゾの組織だった。

本章では、米国が第二次世界大戦中に開発した核兵器が、戦後、各国に拡散していった有り様を伝えたい。

「バキューム・バレー（真空の谷）」

そう呼ばれる地域がスイス北東部にある。オーストリア、ドイツ、リヒテンシュタイン三カ国の国境に近く、ライン川が流れる美しい町だ。カウベルが鳴り響くのどかな光景が広がるこの地域は、スイスの誇る精密加工業の集積地だ。特に真空（バキューム）装置を作る業者が数多く集まることからその名がついた。

その精密加工業者の１社で働くスイス人技師、フレッド・ティナー氏が、一人のパキスタン人と知り合ったのは１９７５年のことだ。その人の名はＡ・Ｑ・カーン博士、後に「パキスタン原爆の父」と呼ばれる人物だ。博士は、祖国パキスタンの核兵器開発を実現しようと、濃縮ウランの製造に必要な遠心分離機用の特殊な部品を買い付けに来た。当時、30代後半だったティナー氏はその装置を扱うメーカーに勤務、分離機の部品販売を統括する立場にあった。これをきっかけに二人は深い仲となる。

二人は後に「核の闇市場」と呼ばれる組織を作り上げていく。核兵器の開発につながる技術や原材料、さらにはノウハウまでをも売りさばく秘密組織で、欧州、中東、東南アジア、アフリカ諸国に製造基地や営業拠点を置いた。97年に始まったリビアとの商談では、契約総額が1億ドルに達するほどのビッグビジネスになった。ティナー氏の二人の息子も秘密活動に深く関わった。

「核の闇市場」は、米英の摘発、そして国際原子力機関（ＩＡＥＡ）の現地査察がきっかけで明らかになる。発覚する3カ月前に、ＩＡＥＡが本部を置くウィーンに赴任した私は、北朝鮮やイランの核問題に加え、リビアの核問題、そして「核の闇市場」という得体が知れない秘密組織の解明という難作業にいや応無しに巻き込まれていく。

赴任以降、私はカーン博士の足跡や闇市場の一端に触れようと、オランダやスイスなど欧州各国、パキスタン、そしてイランを取材で訪ねた。取材は10年近くに及んだ。2度目の特派員生活を送ったロンドンから東京に帰任する直前の12年9月にはスイス南部でティナー一家の判決公判を取材した。法廷の傍聴席から、目の前に座る「核の闇市場」のメンバーの姿を目に焼き付けることができたのは、記者人生の中で最も記憶に残る取材のひとつだった。冒頭で触れたバキューム・バレーを訪れたのも、この時だ。

私がティナー一家の取材にはまったのは、一家の総帥であるフレッド氏が、自らが「核の闇市場」の一員であると米中央情報局（ＣＩＡ）に闇市場の実態を密告した人物だったからだ。彼は03年1月、冬季五輪を2度開催したオーストリア西部インスブルックのホテルでＣＩＡ職員と初接触した。私も取材中にこのホテルを突き止め、勇んで訪ねた。映画の００７にも登場するような最高級ホテルに違いないと想像が膨らんだが、現実は違った。ホテルはどこにでもある安宿。１泊分の料金をフロントで前払いすると、日本のビジネスホテルのように室内で使うテレビのリモコンを手渡された。スパイの世界は、想像とは違い意外にも地味だった。期待が大きかっただけに、なんとも言えぬがっかり感を味わった。

フレッド氏はそれを機にＣＩＡとの接触を続け、ＣＩＡは「すべての情報を提供すれば、１００万ドルの報酬と身の安全を保障する」と取引を呼びかける。フレッド氏はこれに応じ、アルプスの少女ハイジの舞台にも近い観光地に設けた隠れ家への「家宅捜索」も認めた。６人のＣＩＡ職員がアジトに潜入し、複数の核兵器の設計図や遠心分離機の設計図など大量の情報を手に入れる。ＣＩＡは英情報当局のＭＩ６と協力しながら「核の闇市場」に迫っていく。

決定的瞬間は、その年の10月に訪れた。ＣＩＡは、フレッド一家から寄せられた情報をもとに、地中海を航行中の貨物船を臨検し、五つのコンテナを押収する。中にあった木箱からは、総計２万５４４２点にものぼる遠心分離機の部品が出てきた。米英両国は、リビアのカダフィ政権に動かぬ証拠を突きつけ、核兵器開発を含む大量破壊兵器の廃棄を迫る。

当時のリビア指導者、カダフィ大佐は米英の圧力に折れて全面降伏する。イラク戦争開戦から約半年あまり。要求を断れば、軍事侵攻の危険があると大佐は踏んだ。同時に、カーン博士が主導し、核兵器開発のための機器やノウハウが何でも手に入るワンストップショップの役割を果たしていた「核の闇市場」の摘発も世界各国で始まる。

フレッド氏が密告を決意したのは、ＣＩＡに接触する３カ月前に軽い心臓発作に見舞われ、「もう潮時だ」と思ったのがきっかけだとされる。しかし、取材を進めていくと、これは作り話ではないかとの思いが深まる。貴重な情報をＣＩＡに売って金もうけを狙い、司直の追及の手が自身に及んだ際は、ＣＩＡに身を守ってもらおうと保険をかけたのだと私は思う。一家がＣＩＡからせしめた額は、５００万ドルから１０００万ドルに達したとも言われる。

実際、ティナー一家の身の安全を保障していたＣＩＡは、スイス検察がティナー一家を05年秋に逮捕して以降、ブッシュ（父）元大統領や、ライス国務長官、ゲーツ国防長官など現役閣僚が罪に問わないようスイス政府に圧力をかけた。さらに、スイス検察が押収した資料の中に、核兵器の設計図があることを知る米国は、「非核兵器国のスイスがそれを持っているのは核拡散防止条約（ＮＰＴ）上、大きな問題となる」と指摘、すべての押収資料を米国に渡すか、廃棄するよう迫った。

スイス政府は理不尽とも言える要求にたじろぐが、対米関係を優先しようと証拠書類の廃棄に応じる。08年5月、核兵器の設計図などの極秘資料が詰まったコンパクトディスクは、二度と再生できないようドリルで穴が開けられた上で工業用シュレッダーで裁断され、さらに焼却炉で燃やされた。作業は4日間に及び、処分された資料の総重量は1・3トンにも達した。

だが、その7カ月後の08年12月、スイス検察庁で「偶然」にも廃棄を逃れた資料が見つかる。今度は、「司法の場で裁くべきだ」との意見がスイス政府内で多数派を占め、私も傍聴した公判が開かれた。先に述べた12年9月のことだ。フレッド氏や二人の息子は公判に引きずり出され、いずれも有罪判決を受ける。

「事実は小説より奇なり」という言葉をよく耳にするが、ティナー一家が紡ぎ出す物語は、まさにそういう話ばかりだ。取材を続ければ続けるほどのめり込んでいった。

例えば、ティナー一家は、電子メールが当局に盗み取られる可能性に備えて暗号を使っていた。そこまでは当然として、その手法が凝っていた。通信する双方が同じ本を持ち、「163（ページ）、4（行目）、6（文字目から＝「」などを1文字として＝）、8（文字）」を意味する「P163、L4、W6、N8」というコードを送る。受け取った側は手元にある本を確認し、「KADOKAWA」という8文字を見つけ出す。それがファイルを開くためのパスワードだ。「ダブル・コード」と言われる手法で、パスワードが破られることはまずない。どの本が暗号のカギとなるかを特定できなかったため、スイス当局が家宅捜索で押収した子供向けの絵本もすべて資料廃棄の際に焼却処分された。

公判を終え、スイスのベリンツォーナ連邦刑事裁判所から車で出るティナー被告（手前）（2012年9月、筆者撮影）

核兵器開発に関連する機器や情報を不正に取引していたのはカーン博士が主宰する「核の闇市場」だけではなかった。IAEAで核査察部門を長年歩き、「闇市場」の究明の陣頭指揮にあたったハイノネン氏は「87年ごろ、イラン、北朝鮮、リビアに遠心分離機購入を働きかける動きが相次いだ」と私の取材に答えた。

スイスのバキューム・バレーだけでなく、当時のドイツにもウラン濃縮用の機器を手がける精密加工業者は多数あった。主に、英、オランダ、ドイツが合弁して設立したウラン濃縮企業「ウレンコ」社宛てに機器を納入していた。これらの企業が、金もうけのために部品や機器を横流しや密売したことが明るみに出た。当時は核拡散に関する規制が現在よりもはるかに緩く、遠心分離機の完成品を輸出することは禁じられていたものの、部品には規制がなかった。そんな牧歌的な時代だった。その売り込み先はイラン、北朝鮮、リビアの三カ国にとどまらなかった。

例えば、こんなこともあった。カーン博士の「核の闇市場」は、サダム・フセイン政権時代のイラクにも取引を打診したが断られた。すでにドイツ系のネットワークが商談をまとめていたためだ。実は、「核の闇市場」内にも猛烈な競争があった。重要メンバーだったティナー一家は、イラクの秘密核開発にも関与し、部品を供給していた。カーン博士にその事実は伝えていなかった。イラクの秘密核開発は91年の湾岸戦争後、ＩＡＥＡの査察で発覚、中止に追い込まれた。ブラジルもこのドイツのルートを使い濃縮技術を習得、現在手がけている原子力潜水艦開発に生かしている。

第二次世界大戦中に米国のマンハッタン計画で始まった核兵器開発は、どの国にとっても国運を賭けた大プロジェクトと言える。核兵器は、通常兵器に比べ段違いの破壊力を持つだけに、米国は技術の独占を続けたいと願った。だが、そんな自分勝手な願いは、わずか4年後の49年8月29日に、ソ連によって破られる。

独占が無理ならば、数カ国だけの寡占状態にとどめたい。そのためには、核兵器の拡散を是が非でも止めなければならない。「核の番人」と呼ばれ、血眼になって核拡散防止に努めるＩＡＥＡは、言い方を変えれば、米英仏中露など「核クラブ」と呼ばれる国々の核利権を守る国際的なシンジケートだと切り捨てることもできる。

だからこそ、カーン博士が率いた「核の闇市場」や、スパイが活躍する余地が生まれる。ソ連が核兵器を手に入れた背後にもスパイ活動があった。その代表例は、初核実験の翌年、スパイであることを告白し、英当局に逮捕されたクラウス・フックス博士だ。

ドイツ人で、ドイツ共産党員だったが、ナチスが政権を取ったのを機に亡命し英国籍を取得した。理論物理学者である博士は、米国のマンハッタン計画にも参加する。その経歴を生かし、戦後、原爆や水爆製造に不可欠な理論情報をソ連に流し続けた。

米国ではユダヤ人のローゼンバーグ夫妻が、ソ連の核開発のために自らの命をなげうった。夫妻はマンハッタン計画に関わった科学者から核兵器に使う高濃縮ウランの製造方法などを入手してはソ連に流した。50年に米当局に逮捕され、53年に死刑が執行された。

夫妻をめぐっては、アインシュタイン博士やフランスの哲学者サルトル氏など多くの大物が「無実の罪を着せられている」と冤罪《えんざい》を主張した。夫妻も無実を主張したが、後に確信犯だったことが判明する。

ソ連共産党のフルシチョフ第1書記は回顧録『フルシチョフ　封印されていた証言』にこう記す。

「私はスターリン（書記長）とモロトフ（外相）から夫妻が我が国の原子爆弾の開発に極めて重要な貢献をしてくれたと聞いた」

フルシチョフ氏は、夫妻に「偉大な大義のために命をささげてくれた」と感謝の辞を送っている。

最近も、核にまつわるスパイ事件があった。米連邦捜査局（ＦＢＩ）が21年10月におとり捜査を経て摘発した事件だ。

米司法省によると、逮捕されたのは米海軍に勤務していた原子力技師とその妻。二人は米海軍が「クラウンジュエル（王冠の宝石）」と誇る原子力潜水艦の機密情報を海外に売りさばこうとした。ターゲットは原潜の取得を目指し、独自開発を続けるブラジル。総額５００万ドルに及ぶ取引を技師は呼びかけた。

この技師は、足がつくことを恐れ、当初は電子取引を希望した。秘密情報を暗号をかけた電子メールに添付して送り、相手には暗号資産（仮想通貨）で支払うよう求めた。「だが、それでは犯人を特定できない」とＦＢＩは焦る。

手練手管を駆使し、ＦＢＩは古くからスパイ同士が会わずに情報を交換できる「デッド・ドロップ」と呼ぶ手法で受け渡しをするよう働き続けた。

これがワナであると見抜けなかった技師は、その提案に同意する。妻を見張り役に伴い指定場所に出向き、米原潜の秘密情報が詰まった16ギガバイトのＳＤカードをピーナツバターサンドにはさみ、白い袋に入れて置き去った。ＦＢＩはそれを回収、技師の指示通りに仮想通貨を「送金」した。入金を確認した技師は、その見返りにＳＤカードにかけた暗号カギを解くパスワードをメールで送った。そんな取引を続け、「証拠がそろった」とみたＦＢＩは4度目の取引で逮捕に踏み切った。

連邦裁判所の裁判長が「まるで小説や映画の脚本のようだ」と表現したスパイ劇は、1年後の22年11月に判決公判を迎えた。裁判長は夫に懲役19年4カ月、ほう助役とみられていた妻には、夫に偽証を働きかけたとして夫より重い懲役21年10カ月の刑を言い渡した。

マンハッタン計画の情報をソ連に流したフックス博士もローゼンバーグ夫妻も、いずれも共産党支持者だった。ソ連に共感を感じる典型的な思想犯だった。

ソ連が手に入れた核兵器製造にまつわるノウハウや機器は、その後、同じ社会主義国である中国、北朝鮮へと伝わっていく。ソ連は両国の科学者や技術者の留学を引き受け、研修や訓練に当たったほか、研究炉などを供与した。

中国も核兵器の設計図をパキスタンに渡した。パキスタンは中国と国境紛争を抱えるインドとライバル関係にあり、「敵の敵は味方」という論理が強く働いた。そのパキスタンは90年代後半にあった北朝鮮との「核とミサイルの交換」と呼ばれる取引で、ウラン型核兵器の製造に不可欠な遠心分離機や濃縮のノウハウを北朝鮮に伝えた。

こうした思想や国家戦略と結びついた国同士の取引に関われなかったイランやリビア、そしてイラクはカネで解決しようとカーン博士の築いた「核の闇市場」などに接触する。これらの国々はいずれも産油国。カネはある。中国がパキスタンに供与した核兵器の設計図も、カネと交換される形で「闇市場」経由でイラン、リビアに渡った。

次節は、「闇市場」との接触を続けたイランの核開発問題を取り上げる。

## (2) イランの核問題

イランを含めた中東は、多くの日本人にとっては遠く、なじみのない地域かもしれない。私はウィーンに赴任していた4年間、イラン核問題にもまれ続ける日々を過ごした。米メジャーリーグの名将、トミー・ラソーダ・ドジャース監督の名言「俺にはドジャーブルーの血が流れている」ではないが、私の周りには「私にはイランの血が流れている」とでも言うような、イランの虜《とりこ》になった人がたくさんいた。私も、次第にイラン核活動の背後にある複雑な歴史の魅力に引き寄せられていった。

それはさておき、イランが今に続く核開発に本格的に着手したのはイランイラク戦争中の1980年代半ばのことだ。イラクが化学兵器や弾道ミサイルなどの大量破壊兵器を次々と繰り出すのを見たイランは、対抗上、核兵器開発を見据え始める。

それを手助けしたのが、前節で紹介したパキスタンの「原爆の父」カーン博士だ。ちょうど博士が「核の闇市場」を立ち上げ、世界各国に売り込みを図っていた時期に重なった。「闇市場」とイランとの初接触は87年3月、西ドイツのフランクフルト郊外のホテルだったとされる。「闇市場」からは博士の代理人を務める銀髪の欧州人の紳士など6人が出席、ビデオを見せながら「欧州製濃縮機器」の一括購入を薦めた。

だが、イラン側は、これらの機器が「欧州製」ではなくパキスタン製であることを感じ取る。誇り高いイランは、「自分たちより技術力が劣る」と見下していたパキスタン製機器に抵抗を感じ、濃縮に使う遠心分離機のサンプルと設計図などの購入だけにとどめた。「闇市場」への支払額は約1000万ドルにとどまった。

分離機の開発は容易ではなかった。機器のバランスが悪かったり、素材加工の精度が低かったりすれば、音速を超す速度で回転する分離機にたわみやひずみが出る。最悪の場合、設置した台からロケットのように飛び出して破損してしまう。先進工業国の欧州や日本も開発に手間取った難作業にイランは音を上げ、93年に「闇市場」に再接触する。今度は分離機の完成品100〜200機、さらに1500機分の部品や新型分離機の設計図の購入を決める。

ただ、イランの核開発をめぐっては、「闇市場」だけでなく、「パキスタン政府の協力があった可能性は捨てきれない」と指摘する専門家も居ることを記しておきたい。国際原子力機関（IAEA）の査察部門トップを務め、「闇市場」の解明に陣頭指揮をとったハイノネン元事務次長もその一人だ。

当時のパキスタンは、88年12月から90年8月まで続いた第1次ブット（娘）政権時代だった。軍参謀総長は、パキスタンでは少数派のイスラム教シーア派のベグ将軍。将軍は、シーア派の盟主を自任するイランと親密な関係にあったことでも知られる。

私は14年にパキスタンを取材で訪ねた際、ベグ将軍に会い、この疑惑を直接ただしたことがある。首都イスラマバードに隣接する軍都ラワルピンディのホテルの一室でインタビューに応じた元軍参謀総長は、小柄だが、体全体からオーラが出ている迫力満点の人だった。

最初は英語で答えていたが、イランが関わる微妙な問題になると、現地語のウルドゥー語に切り替えた。そして、肝心の問題には「ブット首相が取引を認めなかった」と繰り返すばかりだった。しかし、それを額面どおり受け取るわけにはいかない。

パキスタン軍の参謀総長は、時として首相を上回る実力がある。1931年生まれのベグ氏は35歳の若さで就任したブット氏とは親子ほどの年齢差があった。力の差は歴然としており、軍は機微な情報をまったく首相に伝えていなかったことがわかっていたからだ。

ベグ元パキスタン軍参謀総長（2014年3月、パキスタン北部のラワルピンディで、筆者撮影）

例えば、核兵器だ。当時、パキスタンは核実験こそしていなかったが、すでに開発を終え、核兵器を保有していた。ブット首相はそのことすら知らされていなかった。首相は89年6月に訪米した際、米中央情報局（ＣＩＡ）からパキスタン製核兵器の実物大模型を使った「特別授業」を受け、初めてパキスタンの核兵器について知ったとされる。ベグ将軍が言う「首相が認めなかった」との説明は、説得力が無いと感じた。だが、私の取材力ではその厚い壁を崩せなかった。

ベグ将軍は21年、回顧録『COMPULSIONS OF POWER』を出版した。イランとの話にも触れていると知り、パキスタンから本を取り寄せ読んでみた。だが、将軍がイランの核開発を手助けしたとの話は「フェイクニュースだ」と記されていただけだった。

ベグ将軍とのインタビューの際、私は奇妙な出来事を体験している。取材が終わった直後、私が乗った車に横からオートバイが突っ込んできたのだ。その晩、イスラマバード市内の高級ホテルでカーン博士の代理人との会食を終えた直後も、追突事故にあった。1日に二度も交通事故に遭う確率はどれくらいなのだろう。偶然ではなく、パキスタンとイランを結ぶ歴史の闇に「手を突っ込むな」という警告だった可能性もある。幸い、双方にけが人はなかったが、私が雇っていた運転手は「これ以上はイヤだ」と二度とハンドルを握ろうとしなかった。

実は、私はイラク戦争中に取材のため滞在したサウジアラビアでも二度拘束された。10時間以上に及び尋問を受け、「残念だが、この町から君は一生出られない」と取調官から告げられ絶望したこともある。イランでもそんな目に遭うのかと、ぞっとした。正直、そんな経験はもうしたくない。

話を元に戻そう。

「核の闇市場」から機器を調達したイランは、四苦八苦しながらウラン濃縮技術の習得を目指し開発を続ける。その時代を知るハイノネン氏によると、IAEAは疑惑の兆候を見つけたが、本格的な調査に踏み切らなかったため、秘密の核計画を突き止めることができなかった。秘密核開発が暴露されたのは02年8月、反体制派がワシントンで会見し、その存在を公表した。これが今に続く、イラン核問題の出発点になる。

それから半年後の翌03年2月にイランの秘密核施設を訪れたIAEA査察団は、度肝を抜かれた。中部ナタンツに建設中の濃縮施設には、サッカーコートが6面ずつ入る巨大な地下空間が2つもあった。最大で分離機5万4000台を収容できる大規模施設で、それが実現すれば、とんでもない量の濃縮ウラン製造が可能になる。イランはその後、中部フォルドーにも2カ所目の濃縮施設を設置した。現在、2カ所の濃縮施設で、独自に開発した最新鋭の分離機を使いウランを60％にまで濃縮する作業を続ける。90％以上に濃縮したウランを使う核兵器の取得にまであと一歩の段階と言え、世界で最も核武装に近い国と言われる。

イランは「核の闇市場」から、核兵器の設計図も入手した。中国がパキスタンに供与したもののコピーとされるが、ハイノネン氏は「それとは異なる核兵器の設計図も持っている」

と取材に答えた。イランの核開発の全容は、まだ完全に解明されたとはいえない点が多い。核をめぐる闇は深い。

□コラム

**燃えるウランと燃えないウラン**

ウランは、核分裂反応をしやすい「燃える」ウラン235と、「燃えない」ウラン238の2種類がある。天然ウランには、235の割合がわずか0・7％しかない。

原子力発電所の核燃料は、3～5％の濃縮ウラン、核爆弾は90％以上の濃縮ウランが必要なため、ウランを濃縮する必要がある。

濃縮は遠心分離機を使う。音速を超す速度で回転させ、235と238を分離する。初期の分離機は強化アルミ製だったが、現在はより強度の高いカーボンファイバーを使う。回転速度が増し、濃縮効率が上がる。

235を黒い玉、238を白い玉にたとえると、天然ウランは黒玉が7、白玉が993ある状態と言える。濃縮は、7つの黒玉を維持しながら、白玉を「捨てる」作業となる。

白を800捨てると、残りは200。黒は7のまま。割り算をすると、濃縮度は3・5％と

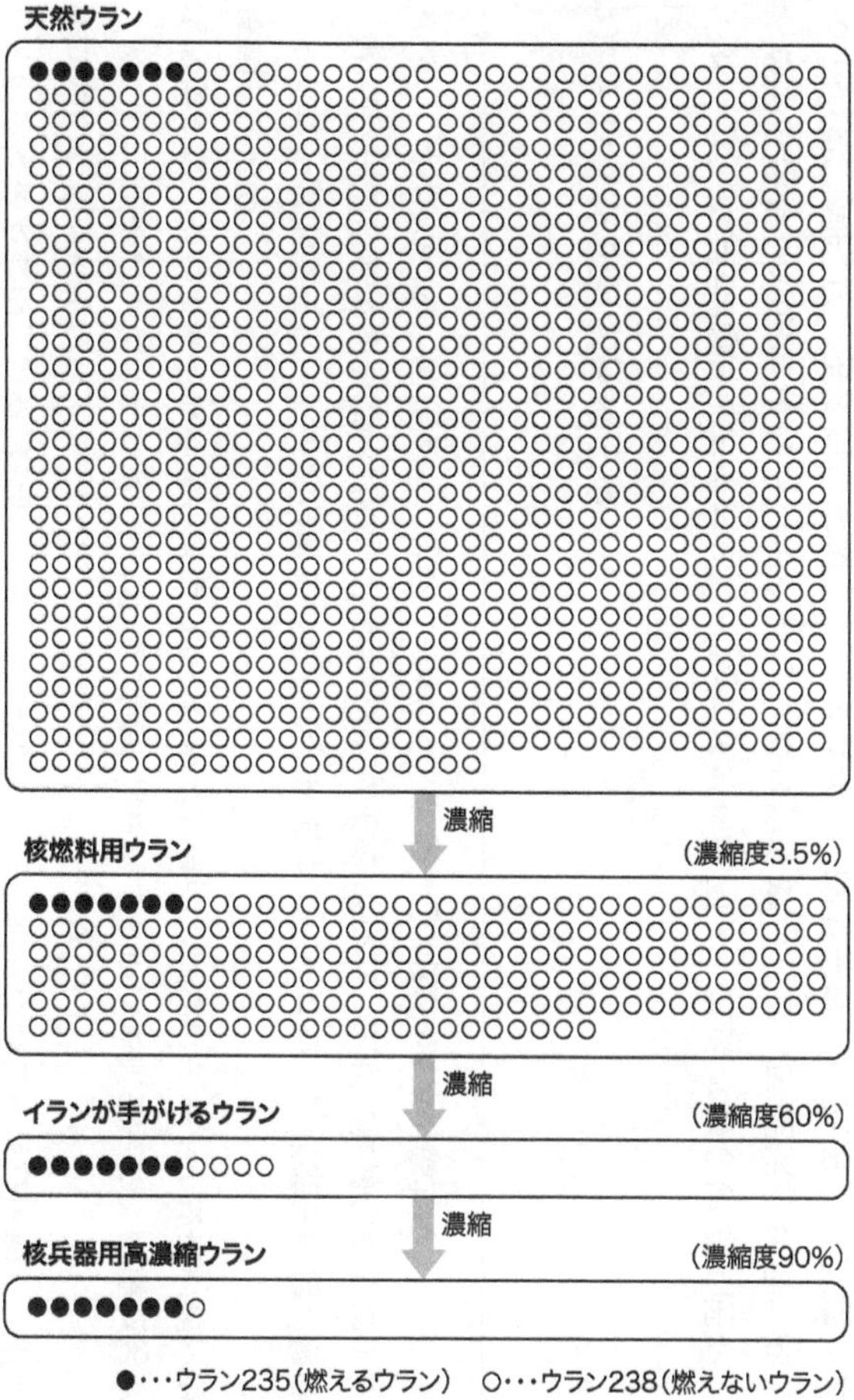
天然ウラン
濃縮
核燃料用ウラン
(濃縮度3.5%)
濃縮
イランが手がけるウラン
(濃縮度60%)
濃縮
核兵器用高濃縮ウラン
(濃縮度90%)
●・・・ウラン235(燃えるウラン)
○・・・ウラン238(燃えないウラン)

ウランの濃縮の概念図

なる。これが核燃料用だ。

イランが手がける60％濃縮ウランは、ここからさらに白を189捨てればできる。残りは11、黒はこのうち7を占める。

さらに、白をわずか3取り除くだけで核兵器用の高濃縮ウランが完成する。濃縮度60％と濃縮度90％は、かなり差があるように感じるが、それは違う。濃縮のポイントは白を捨てる「作業量」にある。

つまり、核燃料用の3・5％に濃縮したウランを造りさえすれば、核兵器用の90％濃縮ウランを造る工程の約8割を終えたことを意味する。核の世界では、民生と軍事の差は紙一重にすぎない。だからこそ、国際原子力機関（IAEA）が厳しい査察で監視を続ける。

## （3）イランは核武装するのか

イランは、石油埋蔵量が世界3位、天然ガスは2位という世界有数の資源大国だ。そんな国がなぜ核開発を手掛けるのか。イランはこれまで一貫して核兵器開発の意図は無いと否定する一方で、過去には国際原子力機関（IAEA）に届け出ず、反体制派に暴露される20

02年まで秘密開発を続けていた経緯もある。核兵器取得を目指しているのではないか。イランと敵対するイスラエルだけでなく、サウジアラビアなどペルシャ湾岸諸国、米国の保守派をはじめ多くの国がそう疑っている。

イランは核兵器開発を否定する根拠として、最高指導者のハメネイ師が出した、核兵器の製造・開発、使用を禁じるファトワ（宗教令）をあげる。1979年のイラン革命を指導したホメイニ師も、80年から88年まで続いたイランイラク戦争中に、軍が手がけた化学兵器計画の中止を命じた経緯もあり、イランでは大量破壊兵器の開発・製造は宗教的に禁じられていると主張する。

だが、イラン以外の国々は「それは方便だ。ファトワの変更は可能のはず」と見る。「核の闇市場に接触してまで核開発を始めたのは、核武装を目指していたからではないか」との見方も根強くある。イランの核開発を巡っては、いつもこうした答えの出ない神学論争が繰り広げられる。

イランの核武装を阻止しようという国際社会の取り組みは、02年に秘密核開発が発覚して以降、これまで何度もあった。手始めは03年10月、英米仏の欧州三カ国外相がテヘランに乗り込み、合意を結んだ。米軍などの連合軍が圧倒したイラク戦争直後という国際情勢もあり、イランは核活動を停止する。

だが、05年6月の選挙で勝利した対外強硬派のアフマディネジャド大統領は、その年の8月以降に核活動を再開する。英仏独三カ国は、核兵器取得につながるウラン濃縮を将来にわたって放棄するよう求めたのに対し、イランは「原子力の平和利用の権利は核拡散防止条約（NPT）も認めている」と一定期間後に再開する考えを主張、両者の対立が解けなかったからだ。

アフマディネジャド政権は、がん患者の治療に使う医療用アイソトープを製造することを名目に、濃縮度も従来の5％未満から20％にまで引き上げる刺激的な策にも打って出た。これにより、イランは「数カ月」で核兵器1発分に相当する高濃縮ウランを手に入れる段階に達した。

危機感が高まった13年以降は、国連安保理常任理事国の五カ国とドイツを加えた主要六カ国（P5＋1）とイランの交渉が本格化する。イランとの核交渉は英仏独の三カ国が最初に取り組み、後に、中国、ロシア、米国が加わった経緯があるため、欧州では「P5＋1」ではなく「EU3＋3」という表現を使う。

六カ国とイランは15年7月、イラン核合意（JCPOA）を結ぶ。イランが大幅に核活動を制限する見返りに、主要六カ国はイランへの経済制裁を解除した。各国の思惑が複雑にからみあう事項だけに、ひとつの分野で合意が成り立つと、他の分野が壊れてしまうという

「まるでルービックキューブのようだ」と表現されるほど複雑な作業を経て成立した。まさに芸術品とも言える合意だった。

だが、今度はイランではなく、米国が合意から離脱するという誰もが全く想定していなかった事態が起きる。16年の大統領選挙期間中から、イラン核合意を「不平等で最悪の合意だ」と批判していたトランプ米大統領は18年5月、核合意から離脱して再びイランに厳しい制裁を科した。猛反発したイランは、徐々に核活動を活発化させ、核合意の内容は空文化していく。

ＩＡＥＡは四半期ごとに報告書を作成する。本書執筆時点で最新である23年5月の報告書によると、イランが保有する濃縮ウランの量は、核合意に定めた上限の15倍以上に達している。濃縮度も、合意で定めた3・67％を大幅に上回る60％まで高めた。23年1月には微量とはいえ83・7％に濃縮されたウランの粒子が検出されている。米国防総省のカール次官は23年2月末、イランは核兵器1発分の高濃縮ウランを「12日間」で製造できると米議会で証言するなど、核合意前よりはるかに危険な状況にある。

ただ、バイデン現政権は22年10月に公表した「核態勢の見直し」（ＮＰＲ）で、イランが核開発を手がけるのは「外交交渉力を高める」のが目的で、核兵器保有を「目指してはいない」との分析結果を公表した。米国は07年に公表した報告書で、イランは03年に核兵器開発計画を取りやめたと分析しており、それを踏襲した形と言える。

つまり、核兵器を開発できる「能力」を身につけることで、それを欧米や周辺のアラブ諸国に見せつけ、優位に立とうとしているとの分析になる。イラン側の思いを代弁すれば「我々には優れた技術がある。その気にさえなれば核兵器ぐらいはいつでも作れる。国際社会はそんなイランをリスペクトすべきだ。さもなければ、痛い目に遭うぞ」という感じだろうか。

私もイランは能力を身につけるのが最大の目的で、核兵器取得を目指していないと考えている一人だ。イラン問題に長く関わる研究者は「イランは、ウラン濃縮も再処理能力もあり、いつでも核武装できる能力を持っている日本のような国になりたいのだ」と解説する。

とはいえ、「イランが心変わりしないという保証はない」と考える国も多い。その筆頭はイスラエルだ。

イスラエルは、イランの核武装は自国の安全保障に直結するとの信念から、これまでもイランの核開発に関わる科学者や核施設にさまざまな攻撃も仕掛けてきた。20年11月末には、イランの核開発、それも核兵器の開発計画に深く関わったとされるファクリザデ博士をイラン国内で暗殺した。道路脇に設置したトラックに爆弾をセットし、博士が乗る車が接近した際に遠隔操作で爆発させて博士を殺した。

イスラエルは、それだけではなくイランの核科学者が乗る車にバイクで接近し、フロントガラスなどに爆発物を貼り付けて逃走する事件にも関わっている。少なくとも4人の核科学者が犠牲となり、「核の殉教者」としてテヘラン市北部のサーレ聖廟《せいびょう》に葬られている。私が14年に取材で訪ねた時も、多くの女性たちが花を手向け、墓石に手を置き祈っていた。その一人に声をかけると「彼らは祖国のために犠牲になった英雄だ」と話し、墓石にそっと口づけをしたのが印象に残っている。

テヘラン市内にある「核の殉教者」の墓に参るイランの人々（2014年10月、筆者撮影）

20年以降はナタンツ濃縮施設など核施設でもナゾの爆発事件が相次いでいる。イランは「イスラエル工作員の仕業だ」と非難を繰り返す。また、イスラエル軍はイランの核施設を空爆し破壊する準備も進め、米軍との合同演習を重ねる。81年にはイラク、07年にはシリアで完成間近の核施設を空爆して破壊した「実績」もあり、3度目の攻撃が起きる可能性は否定できない。

ただ、イラン核施設への空爆は、逆効果と私は見る。空爆すれば、イランが核武装に踏み切るきっかけと正当性を与えてしまうからだ。すでにイランは濃縮技術を習得済みで、施設を破壊すれば一時的な遅延は生じるものの、いずれは修復されるからだ。

軍事衝突という最悪の事態を避けようと、米国とイランは23年に入り事態打開を目指して水面下で交渉を進めている。8月には、イランが刑務所に拘束中の5人の米国人を釈放する見返りに、米国が凍結しているイラン海外資産の一部を返還することに合意した。イランが近く、「ウラン濃縮度を下げる」との観測も浮上している。

イランは23年3月に、中国の仲介により、断交していたサウジアラビアと7年ぶりに関係修復を果たした。同年7月には、長年、オブザーバー参加を続けてきた中露と中央アジア諸国を中心に構成する上海協力機構（SCO）への正式加盟が決まったほか、8月には中国、インド、ロシア、ブラジル、南アフリカで構成する新興五カ国（BRICS）に24年1月から新規加盟することも決まった。国際的孤立を深めていたイランの、国際社会復帰が相次ぐことを、イラン政府、国内メディアはともに「外交の勝利」と強調している。核問題をめぐる米国などとの対立も、こうした流れに沿い、外交での解決を願いたい。

核開発に関わる機器や原材料、そしてノウハウまでも販売したことから「核のウォルマート」とも呼ばれた「核の闇市場」は、米英の摘発を機に壊滅した。だが、現在も、北朝鮮やイラン向けに機器を密売する動きは後を絶たない。麻薬の密輸と同様、核を追い求める国がある限りこの動きは続く。核拡散を防ぐ取り組みは、エンドレスゲームなのかもしれない。

# 第五章　日本を脅かす核保有国の現在地

## （1）登場した核サイロ

日本政府は2022年12月に閣議決定した防衛3文書で、反撃（敵基地攻撃）能力の導入を明記するなど防衛政策の大転換に踏み切った。中国、北朝鮮、ロシアの脅威が増したと分析、中でも中国を「最大の戦略的な挑戦」をしている国と位置づけた。本章は、中国、北朝鮮の核戦力増強の実態を扱う。

中国は35年までに「国防と軍隊の現代化」を成し遂げ、建国100周年に当たる49年には「世界一流の軍隊」を築き上げる目標を掲げる。米議会調査局によると海軍はすでに艦船数で米国を抜いて世界トップとなり、旧ソ連の空母「ワリヤーグ」を改装した初の空母「遼寧」に続き、19年には初の国産空母である2番艦「山東」が就役した。3番艦「福建」も建造中で、戦闘能力の強化を続ける。

核兵器の分野でも伸張著しい。第二章でも記したが、米国防総省は22年に公表した中国の軍事力に関する報告書で、中国の核兵器が、現在の約400発から30年には1000発、35年には1500発にまで増えると大幅に上方修正している。

米国がそう分析する根拠は二つある。一つは、中国が西域の砂漠地帯に大陸間弾道ミサイル（ＩＣＢＭ）を配備する大量のサイロの建設を進めていること。二つ目は、核兵器の原材料となるプルトニウムの大増産に本格着手したことだ。

ＩＣＢＭを収納するサイロは、21年の春から夏にかけて相次いで見つかった。米国のシンクタンクは、商業衛星が写した衛星写真をもとに、中国が爆発的な勢いで核戦力増強に取り組んでいる姿を次々と公表した。

最初に見つかったのは、甘粛省玉門周辺の１２０基だった。次いで新疆ウイグル自治区のハミ周辺の１１０基、３番目は内モンゴル自治区のオルドス周辺にあった40基だ。さらに内モンゴル吉蘭泰《ジランタイ》にも小規模なサイロが見つかり、新たなサイロの合計は３００基以上に達した。22年5月の米議会公聴会で、リチャード米戦略軍司令官は、新しいサイロの数を「少なくとも３６０基以上だ」と証言した。

これまでは、サイロは20基しかなかった。新たに見つかったサイロの数はその18倍に達する。３発の核弾頭を搭載するとされる最新鋭のＩＣＢＭ「ＤＦ（東風）41」を配備すれば、理論上、１０８０発の核弾頭を配備することになる。米国の４００発、ロシアの８３４発を上回り、中国が世界一のＩＣＢＭ配備国に躍り出る可能性が出たことになる。リチャード司令官は21年8月の米議会公聴会で「爆発的な核兵器の増強は息をのむようだ」と驚きを口にした。

中国は、核兵器に使う核物質の製造再開にも踏み切った。核兵器は、90%以上に濃縮した高濃縮ウラン（HEU）か、高純度のプルトニウムを使う。世界各国の核物質保有量などを調べる「核物質をめぐる国際パネル」（IPFM）によると、米ソの緊張緩和や東西冷戦の終結を受け、核兵器保有国は高濃縮ウランやプルトニウムを製造する施設の閉鎖を決めた。中国も87年に高濃縮ウラン、90年ごろに軍事用プルトニウムの生産を停止したと見られている。このため、中国が保有可能な核兵器数は「最大で700発」と見られていた。

だが中国は、ICBM用のサイロの建設と軌を一にするように、30年以上に及ぶモラトリアム（一時停止）を解く。

17年12月から南部・福建省で、高速増殖炉「CFR600」の建造を始めた。出力は、日本が18年に開発を断念した原型炉「もんじゅ」の2倍で、2基建造する。1号機は23年、2号機は26年に完成予定で、1基あたり年間165キロのプルトニウム、2基合わせて年330キロ生産できる。核兵器に換算すれば年80～110発分となる。

使用済み核燃料からプルトニウムを取り出す再処理は、西部・甘粛省で建造中の2基の再処理工場が担う。15年に着工、1基目が25年、2基目が30年ごろに運転を始める予定だ。高速増殖炉と再処理工場がともに設計通りに動けば、核物質や核兵器を大増産する体制が整う。

米国防総省が「30年には約1000発」と見立てた根拠はここにある。

これまで核兵器の保有数を200〜300発前後に抑えてきた中国が、1000発を超す核兵器を保有する核大国を目指す取り組みは、国際秩序を揺るがす危険なものであるだけでなく、核兵器保有国に核削減を求める核拡散防止条約（NPT）第6条の精神に明確に違反する。

ただ、中国のもくろみ通りに高速増殖炉と再処理工場が動くかどうかは疑問符がつく。「夢の原子炉」ともてはやされた高速増殖炉は、欧米や日本が過去に取り組んできた歴史がある。だが、減速材に使う金属ナトリウムが配管から漏れ、空気や水と激しく反応する火災事故が多発した。技術的な困難を克服できず、欧米諸国は90年代初頭、日本も18年に「もんじゅ」の廃炉を決めるなど開発断念が相次いだ。

中国も苦戦している模様だ。前段階に当たる実験炉「CEFR」は10年に臨界したものの、国際原子力機関（IAEA）への報告データを見る限り、稼働率は1％足らず。中国の核兵器増強は、高速増殖炉の動向にかかっている。

中国は前回の東京五輪の最中だった1964年10月16日に初核実験を実施して米ソ英仏に次ぐ世界5番目の核兵器保有国になった。だが、長らく核戦力を「最小限の抑止力」にとどめる政策を採り、5000発以上の核兵器を保有する米露両大国とは一線を画した。長らく、

200～300発の核兵器を保有する英仏とともに第3グループを形成してきた。

読者の皆さんもご存じだと思うが、中国の国防費が日本の防衛費を抜いたのが06年、日本を抜き世界2位の経済大国に躍進したのは10年のことだ。それ以前の中国は、人口こそ世界一だったものの、まだ貧しく、軍事的な存在感もそう大きいとは言えなかった。

しかし、中国がサイロの大増設に踏み切ったことで「最小限の核戦力」という政策と、現実が一致しなくなる。米戦略軍のリチャード司令官は、米議会公聴会で「18年の時点では、中国は最小限の核抑止力だったが、現在はそうとは言えない」と証言した。

中国が核兵器増強に踏み切った狙いは何か。そのナゾはいまだに解き明かされていない。中国は核兵器保有国の中で唯一、核兵器を先制攻撃に使わない政策を掲げてきたが、この政策を放棄する可能性も高まっている。唯一の戦争被爆国である日本は、中国が核の増強に取り組むことを厳しく批判し、それを止める努力をしなければならないと私は考える。

□コラム

## ウラン型爆弾とプルトニウム型爆弾

国際原子力機関（IAEA）の基準では、1発の核兵器に必要な90％濃縮ウランの量は25キ口。技術の進歩に伴い、現在は20キロ程度でも可能とされる。

プルトニウムは、原子炉で使った核燃料を、再処理施設で硝酸液につけて取り出す。原子炉も再処理施設も大型施設のため、秘匿性が劣る。ＩＡＥＡ基準では核兵器1発分は8キロだが、2キロでも製造可能とされる。

プルトニウムには「２３９」のほか、「２４０」などの同位体があり、核兵器には２３９の割合が90％以上のものを使う。

商業用原子炉で生成された「原子炉級」プルトニウムでも核爆弾を造れるが、２３９の割合が約6割にとどまるため威力が低い。また、製造工程などで被曝《ひばく》の可能性があり、取り扱いが難しい。

濃縮、再処理はいずれも核兵器製造に直結する施設となるため、核拡散防止の焦点となる。非核兵器国で双方を保持するのは、世界では日本のみ。核兵器への転用を防ぐため、ＩＡＥＡが厳しい査察を実施している。

カーター米政権は、日本初の再処理施設である茨城県東海村の施設稼働に強く反対し、中止を求めて圧力をかけた経緯がある。

核兵器を保有する国は、プルトニウム、ウランの両タイプの核兵器を保有する国が多い。ただ、英国や北朝鮮がプルトニウム型の開発を先行させた一方、中国やパキスタンはウラン型から開発を始めるなど、国によって取り組み方に違いがある。

## （2）中国の新型核兵器

中国は新型核兵器の開発も手がける。その代表が、音速の5倍以上にあたるマッハ5以上の極超音速で飛ぶハイパーソニック兵器とロケットを組み合わせた兵器だ。

「スプートニク的な瞬間かどうかはわからないが、それにかなり近いと思う」

2021年10月、米軍制服組トップのミリー統合参謀本部議長は、中国が3カ月前に初めて実験した新兵器を、かつて米国を揺さぶった「スプートニク」という言葉を口にしながら語り始めた。

スプートニクは第一章でも触れた通り、1957年にソ連が世界で初めて打ち上げた人工衛星だ。大陸間弾道ミサイル（ICBM）技術の習得に直結するため、先を越された米国には「スプートニク・ショック」と呼ばれた強い衝撃が走った。今回の中国の実験は、それに匹敵するショックを米国に与えたというのがミリー発言の真意だ。

中国が実験した新兵器は、東西冷戦時代にソ連が開発を手がけ、68年から83年まで配備した部分軌道爆撃システム（ＦＯＢＳ）と呼ばれる兵器を、現代風にバージョンアップさせたものだ。機動性に富むスペースシャトルの小型版に核兵器を載せたようなものと言える。

弧を描くような弾道軌道を飛ぶＩＣＢＭと違い、この新兵器は、人工衛星のように地球を周回する軌道にいったん入った後、大気圏内に再突入するタイミングを自由に選ぶことができる。ロケットで打ち上げられたスペースシャトルが、宇宙での任務を終えた後、地上の基地に帰還するのと同じ原理を使い、狙った場所に核攻撃を仕掛けることができる。

さらに、この新兵器には飛距離が無限大であるというメリットもある。ＩＣＢＭの最長飛距離は、現時点では約1万8000キロと限界がある。

中国から米国を攻撃するＩＣＢＭは、最も距離の短い経路である北極経由を飛ぶ。だが、飛距離無制限の新兵器は南極方面からでも米国を狙える。米国のレーダーやミサイル防衛（ＭＤ）システムは北からの攻撃を想定して配備されており、防御が手薄な方向から攻撃が可能となる。

この新兵器に使うハイパーソニック兵器は、中国だけでなく、ロシア、米国が開発にしのぎを削る新兵器。種類は二つある。

一つは、弾道ミサイルの先頭部分に取り付け、一定期間、飛行した後にミサイル本体から分離し、グライダーのよう飛ぶタイプ。もうひとつは、「ラムジェット」「スクラムジェット」と呼ばれる新型のエンジンを使い自力で飛ぶ巡航ミサイル型で、航空機や水上艦、潜水艦から発射する。

中国は19年10月にあった建国70周年記念の軍事パレードで、グライダー型ハイパーソニック兵器を装着した中距離弾道ミサイル「東風（ＤＦ）17」を初めて披露した。20年から実戦配備し、グアムや沖縄の米軍基地、中国近海への接近を試みようとする米軍空母部隊を狙い撃ちする役目を負う。

ロシアもグライダー型の「アバンガルド」、巡航ミサイル型の「ツィルコン」に加え、戦闘機にぶらさげ、空中から発射する「キンジャル」を開発したと主張している。いずれも実戦配備し、「キンジャル」は22年3月からウクライナで実戦使用を始めた。

だが、「キンジャルは、ハイパーソニック兵器ではないのではないか」との疑惑が湧き起こる。英国国防省は、こう分析する。

「地上発射用に開発した短距離弾道ミサイル『イスカンデル』を、戦闘機から発射しているだけだ」

兵器の開発をめぐっては、敵味方双方が、相手の能力を低くみせようと激しい宣伝戦を繰り広げる。それだけに、英国防省の分析が正しいかどうかは不明だが、23年5月以降、ウクライナで「キンジャル」の撃墜が相次いでいる。まだ、確かなことは言える段階にはないが、私は「最新鋭のハイパーソニック兵器が、そうやすやすと撃墜されるはずはない」と考え、英国の分析に軍配を上げようと思い始めている。

一方、米国も中露両国と同様にハイパーソニック兵器の開発を手がけるだけでなく、第二章でも触れたように、宇宙空間にセンサーを置く計画に取り組むなど、新たな防御手段構築に追われている。

新型兵器の危機に直面しているのはなにも米国だけでない。日本も同様だ。中国だけでなく北朝鮮もハイパーソニック兵器の開発・実験を手がけているからだ。

日本のミサイル防衛（ＭＤ）は、海上に展開する海上自衛隊のイージス艦と、地上に配備するパトリオットミサイルの二段構えで構成されている。イージス艦には、ミサイル迎撃に使うミサイル「ＳＭ３」を配備する。ＳＭ３には数タイプあり、中でも、日米が共同開発した最新鋭の「ＳＭ３ブロック２Ａ」は速度が速く、長距離を短時間で飛べる。従来型の迎撃ミサイルより広い範囲を守る能力がある。配備が進めば、イージス艦２隻で日本全土を守れる計算になる。ただし値段は張る。米国の調達数により価格が変動するため、正確な数字は算定できないが、ブロック２Ａの値段は１発40億円とも言われる。

地上に配備するパトリオットは、海上で撃ち漏らした場合に備えたものだ。ただ、射程が短いため、都市など狭い地域の防御を想定している。ちなみに値段は１発５億円ほどだ。

日本は万全を期してMDの整備を進めてきたが、中国が低空を飛ぶハイパーソニック兵器を開発したことで、計算が大幅に狂った。

日本がMDの切り札に据えるイージス艦搭載の「SM3」は、高度70キロ以上を飛ぶ弾道ミサイルを撃ち落とすために開発された兵器だ。だが、中国のハイパーソニック兵器「DF17」は、高度60キロ以下の低空を飛ぶため、「SM3」は対処できない。頼みは地上配備のパトリオットとなるが、上述したように守備範囲は狭い。この問題を解決するには、米国との協力が不可欠となる。

日米両国は23年8月、ワシントン郊外の大統領山荘キャンプデービッドであった首脳会談で、ハイパーソニック兵器防衛用の新型ミサイルの共同開発で合意した。開発は時間との勝負となるため、日米双方が強みを持つ分野を互いに持ち寄り、開発速度を上げることを目指す。

## (3) 台湾有事と日米

中国が軍備増強を続ける中、最も懸念材料となるのが台湾有事だ。中国は2022年の共産党大会での報告で、台湾問題について、こう表明している。

「最大の誠意と努力を尽くして平和的統一の実現を目指すが、決して武力行使の放棄を約束しない」

ロシアがウクライナに侵攻したのと同様、中国も力による現状変更を図ろうとするのではないだろうか。そんな懸念を持つ人が日本でも増えている。台湾有事が起きる可能性はどれぐらいだと見積もれば良いのか、もし、可能性が高いなら、どのような備えが必要なのか。

「中国の習近平国家主席が27年までに台湾侵攻を成功させるための準備を人民解放軍に指示した情報を把握している」

バーンズ米中央情報局（CIA）長官は23年2月、米国の首都ワシントンであった講演でこう述べた。習氏の台湾統一の野心を「見くびるべきではない」と警告したものだ。

バーンズ氏だけでなく、これまでも米軍幹部が「中国人民解放軍の建軍100周年に当たる27年には、中国が武力で台湾を併合する軍事的能力を保持する」などと指摘してきた。軍高官の発言は、往々にして危機をあおることで予算獲得を狙うことに目的があるが、国務副長官を最後に退職するまで長らく職業外交官を務め、情報分析力に優れるバーンズ氏からの発言の重みは違う。これまで中国の台湾侵攻に懐疑的な思いを持っていた人たちの間にも「やはり中国と台湾は本当に危ないのか」という危機感が高まった。

中国が台湾を意識していることは、実際の行動からも見て取れる。近年、台湾の防空識別圏に多数の航空機を進入させ、台湾空軍の実力を試す動きを続けており、20年には約380回、21年には969回進入した。

さらに22年8月には、中国は米国のペロシ下院議長が台湾を訪問したことに反発し、台湾の周辺海域に向けて弾道ミサイルを発射した。初めて日本の排他的経済水域（EEZ）内に当たる与那国島《よなぐにじま》沖に弾道ミサイル5発が着弾する事態に至った。

尖閣《せんかく》諸島周辺の海域でも中国の活動が目立つ。海上保安庁によると、22年は尖閣諸島周辺の接続水域（領海外に広がる約22キロの水域）を中国海警局所属の船舶が過去最高の336日間航行している。

こうした状況をもとに、日本政府は22年12月に閣議決定した防衛3文書で、中国を「最大の戦略的な挑戦」と位置づけた。急激な軍事力強化に伴い、旧来のパワーバランスが崩れたという認識のもと、米国などの同盟国や、豪州などの同志国と連携して「新たな均衡」を築こうとしている。

米中のパワーバランスが崩れた証左は、近年、米国などで実施される戦争ゲーム（机上演習）にも見て取れる。以前は、米軍が圧倒的に優位という状況にあったが、中国の軍備増強により、これは過去の話となっている。机上演習では、米中が事を構えた場合、双方に多大な損害が出る消耗戦となったり、米軍が中国軍に圧倒されたりする例が相次いで報告されている。

中国の急速な戦力増強ばかりが目につく今日だが、そのきっかけは30年ほど前にさかのぼる。95年から96年にかけてあった第3次台湾海峡危機の際、米国がベトナム戦争以降では最大級となる軍事力動員をかけたことがきっかけだ。米軍は原子力空母「ニミッツ」と「インディペンデンス」2隻を台湾近海に派遣し、中国に強い圧力をかけた。

中国はこれに強く反発、以降、米軍の艦船や航空機が中国周辺で自由に活動できない態勢を築こうと、「接近阻止／領域拒否」（A2／AD）と呼ばれる能力を高める作業に取り組み始める。特に、日本の沖縄から台湾、フィリピンを結ぶ「第1列島線」と呼ばれる地域を強固に固め鉄壁の守りを築こうとした。

手始めに、中国沿岸に地対空ミサイル（SAM）を整備し、万里の長城ならぬ「SAMの長城」を築き始めた。さらに、空母などへの攻撃を目指す射程1500キロの「東風（DF）21D」弾道ミサイルの配備を10年から始めた。このミサイルは「空母キラー」と呼ばれる。

さらに、地上攻撃用の射程1500キロの巡航ミサイル「CJ（長剣）10」も順次配備し、日本や韓国の米軍基地への攻撃能力を高めた。この巡航ミサイルをH6爆撃機に搭載すれば、中国本土から約3000キロの距離にあるグアムの米軍基地も射程圏内に入る。

中国は、第二弾として、「第1列島線」よりさらに東にある伊豆《いず》諸島、小笠原《おがさわら》諸島から、グアム、サイパンなどに至る「第2列島線」への攻撃を意識するミサイルの開発にも取り組み始めた。18年には「グアムキラー」の異名を持つ最大射程が4000キロの「東風（DF）26」弾道ミサイルを配備し、航空戦力に勝る米軍をミサイルで圧倒することを狙い始めた。

日本ではミサイルと言えば、22年に過去最高となる約60発のミサイルを発射した北朝鮮ばかりに注目が集まるが、世界で最も多くのミサイル発射実験を実施しているのは中国だ。米国防総省によると21年は135回と、世界のミサイル実験の実に半分以上を占めた。中国は例年、100発以上のミサイル実験を続けているが、日本海と違い、目につきにくい西域の砂漠地帯で主に実施されることもあり、日本をはじめ各国メディアの関心は薄い。

ミサイル能力の向上や充実は、中国が台湾を武力侵攻するために必要不可欠な条件となる。台湾に侵攻した際、米軍が手出しできぬようにするため、沖縄やグアムの米軍基地を先制攻撃することが想定される。日本による米軍支援を防ごうと、自衛隊の基地も同時攻撃する可能性がある。その攻撃にはミサイルを使う。

中国は、中距離ミサイルを約2000発、発射台付き車両（TEL）を500基保有しており、理論上は、500発のミサイルを同時に発射できる能力を持つことになる。日米はミサイル防衛（ＭＤ）システムを築いているが、大量のミサイルをシャワーのように浴びせられる「飽和攻撃」を受けると、対処能力は限界を超す。

中国がミサイル10発を同時発射したケースを想定すると、ＭＤの中核を担うイージス艦は、10～15発の迎撃弾を放つ。迎撃が失敗した場合は追加の迎撃弾を撃つ必要があるため、相手のミサイルと自分が撃ったミサイルをレーダーで同時に追跡する。この場合は25発。レーダーの能力は30～50発と言われ、限界に近い。

さらに、相手のレーダーを欺くため、中国がミサイルに複数の「ニセ弾頭（デコイ）」を載せることも想定される。どれが撃ち落とすべき弾頭で、どれがニセ弾頭なのかを瞬時に区別することは不可能なため、さらに迎撃弾の数を増やして対応しなければならない。こうなると、完全に能力オーバーだ。

多くを撃ち漏らし、グアムや日本の基地が大きな被害を受ける可能性が高い。中国は、西域のゴビ砂漠で、米軍横須賀基地を模した基地へのミサイル攻撃訓練も実施するなど、「有事」に備えた取り組みを進める。

米国や日本では、香港《ホンコン》の自治権をいとも簡単に握りつぶしたように、中国が台湾を武力で統一するのは時間の問題だと見る人が多い。本節の冒頭に触れたように、米国のＣＩＡ長官も警戒感を隠していない。

本当にそうなのだろうか。取材を進めていくと、そうした見方は「一方的で偏っているのではないか」と疑問を投げかける人たちにも出会うことがある。

台湾海峡の幅は最も狭いところでも130キロある上、海流も速い。私が取材したある専門家は、上陸作戦は「思っている以上に容易ではない」と指摘した。

また、ある著名な大学教授は、「中国が台湾に攻め入るのは、台湾が独立を宣言したような状況だけに過ぎない。台湾独立派は、それを十分にわきまえており、そこまでは踏み込まないはずだ」と指摘した。中国が侵攻する動機は乏しいのではないかとの見立てだ。

さらに、習熟度が増すにつれ、ウクライナ軍がロシアのミサイルの多くを迎撃できるようになったことに触れ、「台湾も、それと同様に中国のミサイルの7〜8割を迎撃できるはずだ」と予想し、さらに「撃ち漏らしたミサイルが、目標地点に落ちる確率はその4分の1程度だろう」とも話した。ミサイル攻撃は、思ったほど効果を挙げないのではないかとの指摘になる。

この話を聞いて、ワシントン特派員時代、取材したミサイル専門家が「ミサイルの能力は過大評価されている」と話していたことを思い出した。詳しくはコラムに譲りたい。

軍事衝突は台湾と中国だけでなく、日米、そして世界経済に深刻な影響を及ぼすのが確実だ。日本では「台湾有事に備える」という勇ましい話ばかりが話題となるが、私は、陳腐だが、外交や経済などを通じて緊張緩和を目指す試みがもっとあっても良いと訴えたい。

日中政府は23年3月末、自衛隊と中国軍の偶発的な衝突を回避するため、防衛当局間のホットライン設置に合意したほか、23年4月初旬には林芳正《はやしよしまさ》外相が約3年3カ月ぶりに訪中し外相会談に臨んだ。こうした取り組みをもっと活発化させて欲しいと願うばかりだ。

□コラム
**ミサイル神話**

第二次世界大戦中にドイツが巡航ミサイルの「V1」、弾道ミサイルの「V2」を開発したことからミサイルの歴史は始まる。

以降、米ソをはじめ多くの国が開発。ソ連は、中国や中東アラブ諸国に短距離ミサイル「スカッド」を輸出、これが、北朝鮮やイランなどに伝わり拡散していく。

開発費用が比較的安く、相手に与える心理的効果も大きいため、コスパが良い。さらに、保有自体がステータスとなるため、各国が導入を進める。技術も日々進歩している。

弾道ミサイルは、打ち上げ後に大気圏を飛び出し宇宙空間に入り、弧を描くように飛行し、

イラクに向け巡航ミサイル「トマホーク」を発射する米イージス巡洋艦「シャイロー」(1996年9月3日、米国防総省提供)

大気圏内に再突入する。落下時の速度は最高でマッハ20を超すものもある。

巡航ミサイルは、地(海)上すれすれの低空を飛ぶ。速度は、航空機並みの亜音速だが、レーダーに捉えられにくい特性がある。

ただ、ミサイルの威力は過大評価されている面もある。ミサイルに核弾頭を載せれば、航空機から広島に投下した原爆と同様、一瞬で10万人の命を奪えるが、通常弾ならば被害は限定的で、思ったほどではない。

これは爆発威力が圧倒的に違うためだ。広島に投下された原爆は15キロトン。TNT火薬に換算すれば1万5000トンもある。一方、最大の通常弾である米軍の「MOAB」は、0・01キロトン足らず。ただし、この爆弾は大きすぎてミサイルには載らない。

米国のミサイル専門家は、通常弾ミサイルによる過去最大の犠牲者は「第二次世界大戦中、ベルギーの劇場を直撃した際の約500人だ」と指摘、通常のケースの死者は「五人から十人」と話す。化学兵器を弾頭に載せた場合でも「被害は二倍程度」と分析する。

初のミサイル戦争だった1980年代のイランイラク戦争では、ミサイルによる死者は限定的だった。

## (4) 切り札のAUKUS

中国が海軍力の増強を続けるなどアジア・太平洋地域の安全保障環境が急激に変化している。そうした事態に対処するには、中国が一番苦手とする分野からアプローチし、相手を焦らせる手法がある。

米国が選んだのは潜水艦。2021年9月、英国、豪州とともに新たな安全保障の枠組み「AUKUS（オーカス）」を立ち上げ、米英両国が豪州に原子力潜水艦と技術を提供することを決めた。

技術の粋を集め「クラウンジュエル（王冠の宝石）」とも呼ばれる原潜を、非核兵器国では初めて、豪州は手に入れる。軍事的にはかなり思い切った措置といえるだろう。

原潜は大きく分けて、核弾頭を積む潜水艦発射弾道ミサイル（ＳＬＢＭ）を載せる「戦略原潜」と、敵の潜水艦や艦船、敵地を攻撃する「攻撃原潜」の２種類がある。詳しくはコラムを参照して欲しい。

豪州は30年代初頭から少なくとも３隻の攻撃原潜を米国から購入、40年代初めからは英国が設計した最新鋭の攻撃原潜を自国で建造する。さらに、米英両国は27年から豪州南西部のパースに攻撃原潜５隻をローテーションで配備し、中国の戦略原潜が基地を置く南シナ海での哨戒活動を強化する。豪州も原潜を入手次第、米英と連携し、中国の戦略原潜を有事の際、撃沈できる態勢を築くことを狙う。

中国は１９８１年に初めて原潜を就役させ、87年からはＳＬＢＭを積む戦略原潜の運用を始めた。地上配備の大陸間弾道ミサイル（ＩＣＢＭ）などが破壊された場合でも、敵に反撃する「第二撃」を持つためだ。それには、敵に見つかりにくい戦略原潜が最適とされる。米議会調査局が23年５月に公表した報告書などによると、中国は15隻の原潜を保有、このうち戦略原潜が６隻を占める。30年までに８隻、40年には10隻にまで増やす計画だ。

中国はこの戦略原潜を、南シナ海に面した海南島に配備する。その南シナ海には、国際的な批判を浴びようとも人工島を構築して地対空ミサイル（ＳＡＭ）を重点的に配備、虎の子の戦略原潜を守る「要塞《ようさい》」を築こうとしている。

ただ、中国の原潜はまだ発展途上の段階にあり、米国やロシアの原潜に比べて戦力的にはかなり見劣りすると言っていいだろう。最大の弱点は、ＳＬＢＭ「巨浪（ＪＬ）２」の飛距離が７２００キロ足らずと短い点だ。米西海岸のロサンゼルスを攻撃するにはハワイの西１６００キロ、首都ワシントンを攻撃するには米国の西海岸に近づく必要がある。開発中の最新型のＳＬＢＭ「ＪＬ３」も、飛距離は１万キロ～１万２０００キロとみられており、米本土をすべて射程内に収めるには南シナ海から出て北上しなければならない。「70年代のソ連原潜よりひどい」とされる大騒音をまき散らす中国の原潜が「要塞」から出れば、米英豪に見つかるリスクが増す。

まだまだ性能は劣るとはいえ、中国の原潜強化の取り組みは目を見張るものがある。将来に備え、米軍は09年以降、南シナ海での哨戒飛行の数を増やし中国潜水艦の動向把握を強化している。21年11月には、日本の海上自衛隊と南シナ海で初めて共同対潜訓練を実施、日本からＰ１哨戒機や護衛艦が参加した。中国が今後、原潜の数を増やすことが確実視される中、米国は英国、豪州の助けを借りて中国の戦略原潜を追尾する態勢を築こうとしている。その主戦場は南シナ海となる。

痛いところを突かれた形の中国は、激しいＡＵＫＵＳ批判を続ける。22年８月にニューヨークの国連本部であった核拡散防止条約（ＮＰＴ）再検討会議の場や、国際原子力機関（Ｉ

AEA）の会合のたびに「AUKUSはNPT違反だ」と批判している。米英が豪州に供与する原潜の核燃料は、原爆にも転用できる濃縮度90％以上の高濃縮ウランを使うため、NPTが禁じている核拡散にあたると主張している。

ただ、NPTは非核兵器国が原潜を保有することを容認している。米英豪の三カ国は、「核の番人」と呼ばれるIAEAと密接に連絡を取り合いながら実現を目指す方針だ。

中国の原潜が米英豪原潜からの攻撃を恐れて南シナ海に閉じ込められる事態になれば、有事の際に「第二撃」を担うはずの中国の戦略原潜は無用の長物になる。その可能性が高いとみる中国軍内部には「戦略原潜は海軍の高価なおもちゃだ」という批判の声があると言う。

ただこうした見方は「米国からの視点にとらわれすぎている」との指摘もある。対米戦略としては無意味かもしれないが、「対ロシア、対インド戦略上は意味を持つ」という分析だ。

最近は連携強化が目立つ中露関係だが、過去には国境紛争を経験したことがある。その記憶はいまも両国の指導部に根強く残る。中国とインドとの間では20年6月に国境紛争が勃発、インド側に20人の死者が出た。インドのICBMは、中国本土への核攻撃を想定して開発、配備されている。

だが、中国が、「第二撃」能力を持っていれば核抑止が働き、相手は中国に手を出しにくくなる。「第二撃」に最も適した兵器は戦略原潜。それを置く最適地は、ロシアやインドが手を出しにくい南シナ海となる。

ロシアも中国の軍事力を気に掛けている。ブッシュ（子）、オバマ両政権で国防長官を務めたロバート・ゲーツ氏の回顧録によると、07年にあった米露国防相会談で、イワノフ露国防相はゲーツ氏に、87年に米ソ両国が結んだ中距離核戦力（ＩＮＦ）全廃条約を破棄したいとの考えを口にした。その理由として「イラン、パキスタン、中国向けに（中距離核ミサイルを）配備したい」と説明した。

日本は現在、北朝鮮、中国、ロシアの三方面からの脅威にさらされているが、中国は米国だけでなく、ロシアやインドなど３６０度を「敵」に囲まれているとも言える。世界は、私たちが思っている以上に複雑に絡み合っている。

**□コラム**

## 原子力潜水艦とは

原子力を動力に使う潜水艦。ディーゼル潜水艦と違い、無尽蔵のエネルギーを使えるのが最大の特徴だ。燃費を気にせず時速40ノット（74キロ）の高速航行ができ、航行距離も無制限。酸素、飲料水も艦内で自製できるため、敵に見つかりやすい海面近くに浮上して空気を入れ替

サイパン港に入港する米攻撃原潜「ハンプトン」（米国防総省提供）

える必要がない。

戦略原潜と攻撃原潜の2種類があり、米英仏中露とインドの六カ国だけが保有する特別な兵器と言える。技術の粋を集めた「クラウンジュエル（王冠の宝石）」と呼ばれる。

戦略原潜は、核弾頭を載せた潜水艦発射弾道ミサイル（SLBM）を積む。海中に潜り、敵に把握されにくいことから、米国は最も重要な戦略核兵器と位置づけている。

米国のオハイオ級戦略原潜は全長170メートルとジャンボ機（70メートル）をはるかに上回る巨艦だ。あまり動き回らず、通常は、米本土近海に潜む。77日ごとに母港に帰り、乗組員が交代する。

攻撃原潜は、敵の原潜や水上艦を追跡し、攻撃する役割を担う。対地攻撃能力も持つ。米軍は1991年の湾岸戦争や03年のイラク戦争の緒戦に、攻撃原潜から巡航ミサイル「トマホーク」を敵地に撃ち込んでいる。

ただ戦略原潜とは違い、核兵器は積んでいない。かつては、核弾頭型の巡航ミサイル「トマホーク」を積んでいたが、東西冷戦の終結で緊張緩和を受けて廃止した。現在は、通常弾頭型のトマホークなどを積む。

戦略原潜を保有している六カ国に加え、米英豪の新たな安全保障の枠組み「AUKUS（オーカス）」の設立を受け、豪州が非核兵器国としては初めて２０３０年代から攻撃原潜の保有国となる。ブラジルも独自に攻撃原潜の建造に取り組んでいる。

原潜の中には、米国はトマホークを最大１５４発も積むミサイル原潜や、スパイ活動に特化したものもある。中露両国も、同様のミサイル原潜を保有している。

## （5）連携深める中露両国

米国はトランプ政権以降、中露両国を「戦略的な競合国」と位置付けライバル視している。バイデン政権も２０２２年10月に公表した国家安全保障戦略で、中国を「唯一の競争相手」と表現、トランプ政権の路線を引き継いだ。欧州や日本、豪州など価値観をともにする同盟国や友好国と連携しながら、「危険な国」であるロシアと中国をともに抑え込む考えを示している。

一方、中露両国は、第二次世界大戦以降に築かれた国際社会の秩序を変えたいという点で一致、連携を深めている。ロシアのプーチン大統領と中国の習近平国家主席は、これまで40回会談、誕生日には祝福メッセージを送り合う親密な関係を築くほどだ。

軍事面では毎年、合同軍事演習を実施するほか、ロシアは地対空ミサイルシステム「S400」など最新鋭の武器を中国に輸出、中国軍の近代化や戦力充実に貢献している。さらに、中国に向かう弾道ミサイルを早期に感知する早期警戒システムの技術支援を19年から始めるなど、核戦力の分野でも協力を惜しまない。

両国の関係は一朝一夕に培われたわけではなく、長い歴史の裏付けがある。ソ連は1949年に建国した中国を、世界で初めて国家承認するなど社会主義国の先輩として中国と特別な関係を結んだ。ソ連の指導者スターリン氏を尊敬する毛沢東国家主席は、初の外遊先にモスクワを選んだ。ソ連は、中国が56年に「核兵器を取得する」と宣言すると、科学者などを中国に派遣、中国からは留学生を受け入れた。

とはいえ、蜜月関係は長く続かなかった。中国を衛星国として扱うソ連の態度に毛主席が反発したことを背景に、58年から59年にかけて関係が一気に冷却化する。スターリン氏が53年に死亡したのを受けて指導者となったフルシチョフ共産党第1書記と毛主席のケミストリーも合わず、ソ連は60年半ばに約２００のプロジェクトが中止となり、技術者約１４００人の引き上げを決める。中国は59年6月以降、独自の核兵器開発計画に取り組み、64年10月16日に初の核実験に成功、米、ソ、英、仏に次ぐ5番目の核兵器保有国となった。

ソ連は、関係が悪化した中国との軍事衝突の可能性が高まったことを背景に、60年代半ばから中ソ国境に軍事力を張り付け始めた。緊張が最高潮に達したのは69年。3月には極東の黒竜江（ソ連名：アムール川）の支流、ウスリー川の中州にある珍宝島（ソ連名：ダマンスキー島）の領有権をめぐり両軍が衝突、双方に死者が出る騒ぎになる。8月にも新疆ウイグル自治区で武力衝突が起きた。ソ連は中国の核兵器施設への攻撃を検討し、それを知った米国は傍観者ではいられなくなり、慌てて対応しようと動きだす。

当時、ニクソン政権で国家安全保障問題担当の大統領補佐官だったキッシンジャー氏は著書『外交』にこう記す。

「（これは）ソ連が中国政府を従属的なものにしようとすることを意味する。そうすれば世界で最も人口の多い国が核超大国の一方に従属することになる」

ニクソン政権は、ソ連が中国を攻撃すれば戦力に勝るソ連が勝利を収めると予測。そうなれば、冷戦を戦うソ連がより手強《てごわ》い敵になると警戒し、ソ連を核攻撃することさえ検討した。幸い事態はそこまで悪化せず収束したが、中ソの緊張は80年代まで解けなかった。

和解に向けた動きが始まったのは、ゴルバチョフ氏がソ連共産党の書記長に就任した85年以降だった。ゴルバチョフ氏は86年7月の極東ウラジオストクでの演説で、中ソ国境地帯の軍縮を提案、89年5月に中国を訪問して関係正常化を図る。当時の楊尚昆国家主席は「偉大な隣人同士である中ソは過去に別れを告げ、新しい未来を切り開いた」と宣言した。91年5月には国境線を画定した。中ソ両国は、60年代から約30年間、一触即発の状況に置かれ続けていたとも言える。

関係修復は進んだものの、ロシアは90年代、ソ連崩壊にともなう深刻な経済不振に直面する。中国も89年の天安門《てんあんもん》事件をきっかけに国際的孤立を強いられた。

目に見える形で中露の関係改善が進んだのは13年3月14日に習近平体制が発足して以降だ。習氏は国家主席就任当日にプーチン氏と電話協議し、その1週間後の22日には初の外遊先にロシアを選ぶなど、急速に親密度を増していく。

米ハーバード大学ケネディ行政大学院のグレアム・アリソン教授は、習氏の狙いを、72年2月にニクソン米大統領が電撃的に訪中したことと同じとみている。当時の米国が「チャイナ・カード」を切ってソ連に圧力をかけたように、習氏は「ロシア・カード」を使い米国に対抗する力を蓄えようとしていると見る。

習氏が就任する前からも中露両国の経済交流は進んでいた。プーチン氏は06年に、中国との貿易額を4年後の10年までに６００億ドルとする目標を掲げた。08年のリーマン・ショックで経済不振に陥って以降はより中国への依存度を高め、10年には中国との貿易額がドイツを上回り最大の貿易相手国となる。さらに、14年春のクリミア半島併合や22年のウクライナ侵攻により欧米諸国がロシアに制裁を科したことで、ロシアの中国頼みが加速していく。

両国の貿易額は22年は１９００億ドルとなった。ロシアからの輸出品は、天然ガスや石油、石炭などの一次産品が中心で、16年にロシアがサウジアラビアに代わり中国に対する最大の石油供給国になった。

一方、中国からロシアへの輸出品はテレコム関連や重機械が占める。そのほか、金融取引や直接投資などが目立つ。ただ、中国の最大の貿易相手地域はEUで、ロシアはトップ10にも入らない。ウクライナ侵攻以降は、制裁で行き場を失ったロシア産石油や天然ガスを中国が「爆買い」してロシア経済を支える構図にある。22年の原油輸入量は前年比44％増の５８３億ドル、天然ガスは2・6倍の39億ドル、ＬＮＧは2・4倍の67億ドルに達した。

貿易や交流が増えるにつれ、両国国民の思いも接近しているようだ。米国の世論調査機関、ピュー・リサーチ・センターが19年に34カ国で実施した調査によると、中国を「肯定的」と捉える数字はロシアが71％と一番高く、「否定的」とみるのは、世界最低の18％にとどまった。コロナ禍前の19年には、２００万人以上の中国人旅行客がロシアを訪問している。14年のクリミア半島併合以降、ロシアの通貨ルーブルが下落し、ビザ取得要件が緩和されたことが追い風となった。

中露両国の接近は、超経済大国と超核大国の連携となるため、米国は警戒を強める。カーター米政権で国家安全保障問題担当だったブレジンスキー元大統領補佐官は18年12月、米国の安全保障にとって最悪のシナリオは「中露が連合することだ」と指摘した。

実際、ロシアは中国に武器輸出を続けるほか、国連安全保障理事会でも、ほぼ同じ投票行動をとる。22年に北朝鮮が安保理決議に違反して弾道ミサイルを打ち上げた際も、中露両国はそろって拒否権を行使、北朝鮮は追加制裁を恐れず実験を継続できる環境にある。

私は19年春までのワシントン特派員時代、識者に会うたびに中露関係の見方を尋ねた。多くの人が中露両国の関係に楔《くさび》を打ち込む必要がある点では一致するものの、手法をめぐっては異なる意見があった。取材した前出のアリソン教授は、中国が最も米国の利害に影響を与える相手であると位置づけ「米国はロシアに接近すべきだ」と主張した。一方、ブレジンスキー元大統領補佐官は、中国よりもロシアを危険視する発言を続けた。

しかし、22年のウクライナ侵攻をきっかけに、中露関係は意外にもろい実態が浮かび上がる。侵攻直前の2月初旬、プーチン氏は冬季五輪開会式に合わせて北京《ペキン》を訪問し、習氏とともに両国の「無制限」のパートナーシップを宣言したが、ウクライナ侵攻後、国際社会でロシア批判が強まると、中国はロシアと微妙に距離をおき始めた。

西側諸国がロシアに科す制裁網に中国は加わっていないが、中国の大手パソコンメーカー「レノボ」は22年春からロシア向けの輸出を自主的に止めた。通信機器大手の華為技術（ファーウェイ）も、ロシア国内の店舗に置く最新製品に「非売品」とする表示を始めた。ロシアは03年以降、ファーウェイの最大市場で、高速通信規格「5G」の整備も手がけるなど大顧客だ。しかし、ロシアに肩入れすれば米欧から二次制裁を受け、ロシアよりも規模の大きな欧米市場から追い出されることにもなりかねない。ただ、ロシアとの間には波風を立てたくない。このため「自粛」を選んだ。

これと同様に、中国の銀聯カードも22年9月からロシア国内で使えなくなった。中国は武器・弾薬、ドローン（無人機）はもちろん、ミサイルなど最新鋭兵器の製造に欠かせない半導体のロシア向け輸出の「自粛」も続けている。

微妙な関係が続く中、22年9月に中露両国の首脳は、ウズベキスタンのサマルカンドであった上海《シャンハイ》協力機構首脳会議を機に会談に臨んだ。ウクライナ侵攻後では初となる会談だ。プーチン氏は習氏に「あなた方の疑問や懸念は理解している」と述べ、ロシアだけでなく、西側市場にも目配りする必要がある中国の難しい立場に理解を示さざるをえなかった。

22年6月から8月までの三カ月間ではロシア国内で「中国のスパイ」が摘発される事件が

起きた。シベリアの中心都市ノボシビルスクで相次いで三人の科学者が当局に拘束されたのだ。ロシアが開発する極超音速（ハイパーソニック）兵器やレーザー兵器など最先端の軍事技術を中国に供与した疑いで国家反逆罪に問われた。ロシアのメディアは、こうしたスパイがらみの事件で20年以降、20人以上のロシア人科学者が逮捕されたと伝える。

かつてはソ連が兄貴役、中国が弟役を務めていた両国関係だが、経済力は90年代に逆転、現在は、ロシアが世界2位の経済大国の中国に依存する形にある。中国の人口はロシアの10倍、軍事予算でも中国が世界2位でロシアは5位だ。長く外交の最前線に関わったある日本の元外交官は取材に「現在は中国がシニアで、ロシアがジュニアの関係にある。誇り高いロシアが、その関係を我慢できるとは思えない」と話し、両国の連携には限界があると分析する。

また、ウクライナ侵攻を機に、ロシア政府からロシアへの入国禁止措置を受けた東京大学公共政策大学院の鈴木《すずき》一人《かずと》教授は、中露両国は「米国の脅威」など自分たちに都合がよい場面では仲が良いふりをしているだけで「実態は偽装結婚だ」と指摘する。

中露両国の関係は、同盟にはほど遠く、冷戦時代初期のような同志と呼び合う関係にも至っていない。とはいえ、敵同士ではない。だからこそ、首脳同士が事あるごとに親密ぶりを演出しなければならない。そんな一筋縄とはいえない関係にあるようだ。

## （6）北朝鮮核開発史

日本は軍事力を急速に拡大する中国だけでなく、ミサイル実験を重ねる北朝鮮の脅威にも直面している。その脅威は、どのくらい深刻なのだろう。本節と次節では、北朝鮮の脅威の実態を描いていく。

北朝鮮の核問題に私が関わり始めたのは、２００３年10月に国際原子力機関（ＩＡＥＡ）の本部があるオーストリアの首都ウィーンに赴任したのがきっかけだ。

北朝鮮は１９９４年に米国との間で「米朝枠組み合意」を結び、核兵器開発につながる核活動を停止した。それを監視するため、寧辺《ニョンビョン》の核施設にＩＡＥＡの査察官が常駐していた。だが北朝鮮は02年に枠組み合意を破棄して査察官を追放、原子炉を再稼働させるとともに使用済み核燃料の再処理を始めた。私がウィーンに赴任したのは、その時期に当たる。それ以後、北朝鮮は06年10月９日の初核実験に向けて突き進む。私もその渦中に巻き込まれていった。

核実験が間近に迫ったころ、東京の担当デスクからこんな注文が飛んできた。

「北朝鮮の核実験の期日をなんとしてでも抜け！　『明日、核実験へ』のような弱い見出しはダメだ。『明日、核実験』という強い見出しが取れるよう日時を特定しろ！」

あれこれ手を尽くしたが、特ダネをモノにすることはできなかった。だが、取材相手を探し、思いつく限りの質問をぶつけ、資料を探して調べ上げた成果は、実験直後に発行した号外や、実験当日の紙面、そして、その後の仕事に生きた。「パワハラ」と断罪される可能性がある無茶ぶりだが、時として記者を育てる面もあると今なら思える。

それはともかく、核実験後、日本、米国、中国、ロシア、韓国、北朝鮮が参加する六カ国協議が本格化した。協議後、北朝鮮は核活動停止に再び応じ、07年7月にはＩＡＥＡ査察官の寧辺駐在が復活した。

16年4月から19年5月まで、3年ほど駐在したワシントンでも北朝鮮問題に追いまわされた。北朝鮮は16年9月に5回目、17年9月に6回目の核実験を実施する。さらに、17年には大陸間弾道ミサイル（ＩＣＢＭ）の打ち上げ実験を繰り返した。しかしトランプ米大統領との初会談の気運が高まった18年春以降は一変する。ＩＣＢＭ実験の一時停止に踏み切ったほか、地下核実験場を爆破するなど、米国の歓心を買おうとする行動に出た。

北朝鮮の真意は何か。次は何を狙っているのか。そうした時、ＩＡＥＡで核査察部門を長く担当し、北朝鮮にも数十回の渡航歴があるハイノネン元事務次長への取材が役に立った。ハイノネン氏はＩＡＥＡを「卒業」後、米ハーバード大ベルファー研究所を経てワシントンの民間シンクタンクに勤務していた。取材のたびにハイノネン氏は北朝鮮について「私たちが思っている以上に技術水準が高い。侮ってはいけない」と繰り返し話していたことが強く印象に残っている。

　北朝鮮は11年12月に金正恩体制になって以後、核兵器、ミサイルの両分野で長足の進歩を遂げた。技術的な蓄積に加え、失敗を恐れず果敢に実験を繰り返したことで、技術の向上がはかれたと見られている。

　06年10月の初核実験の爆発力は1キロトンに満たず、多くの専門家は「失敗」と評価した。だが、実験を重ねるごとに爆発力は増していく。金正恩体制下では4度目となる17年9月の6回目の核実験では、初めて水爆を実験、爆発力は160キロトン以上と広島に投下された原爆の10倍以上に高まった。

　ミサイル実験も、金正恩体制での回数が突出する。米NPO（非営利組織）「核脅威イニシアチブ（NTI）」などが作成したデータベースによると、金日成《キムイルソン》体制下では、84年4月9日にソ連製短距離弾道ミサイル「スカッド」の初実験以降、15発を打ち上げた。2代目の金《キム》正日《ジョンイル》体制では16発だったが、金正恩体制になると、その数は10倍以上に急増し、すでに200発を超している。

　北朝鮮の核開発の拠点は、首都平壌《ピョンヤン》から約80キロの距離にある北西部・寧辺にある。九龍《クリヨン》江《ガン》がU字型に曲がる地域に、ソ連が1959年に供与を決めた試験用の小型原子炉「IRT2000」や、北朝鮮が独力で設置した5メガワット黒鉛炉、再処理施設、ウラン濃縮施設などの主要設備が立ち並ぶ。さまざまな研究所、大学もある核コンプレックス（複合施設）と言える。

黒鉛炉は、日本などで一般的な水を減速材に使う軽水炉とは違い、黒鉛を減速材に使うことからこの名で呼ばれる。詳しくはコラムを参照して欲しい。

北朝鮮は、79年に黒鉛炉を着工、86年から稼働を始めた。さらに、この炉で使った核燃料を再処理してプルトニウムを取り出す施設も建造した。モデルにしたのは、ベルギー中部の都市モルにある再処理施設だ。私もウィーン特派員時代、ハイノネン氏に「参考になる」と勧められモルを訪ね、解体作業中の施設を取材した。建物や煙突の場所などシルエットは写真で見た寧辺の再処理施設とそっくりだった。

米国のアイゼンハワー大統領が53年12月の国連演説で、原子力の平和利用を促進する「アトムズ・フォー・ピース」を呼びかけ、以降、次々と核関連の技術情報を公開した。その中には、現在では機微技術として公開が許されないものも多く含まれている。北朝鮮はこうした公開情報を積極的に活用し、原子炉や再処理施設を整備していく。

北朝鮮は85年に核拡散防止条約（NPT）に加入したものの、IAEAの核査察を受けることで、ひそかに手がけていた核兵器開発計画が明るみに出るのではないかと恐れた。このため査察を拒み続けたが、支援を続けるロシアの圧力もあり、ようやく92年に査察を受け入れた。

北朝鮮の5メガワット黒鉛炉を査察するIAEA査察団（1992年5月撮影、IAEA提供）

その結果、北朝鮮がＩＡＥＡに無届けで、使用済み核燃料を再処理して少量のプルトニウムを取り出していたことが判明した。プルトニウム抽出は、核兵器製造につながる重大事態だ。少量とはいえ、事態を重視したＩＡＥＡはさらに詳しい査察を実施しようと試みたが、北朝鮮は激しい拒否反応を示し、ＮＰＴからの脱退を通告する。第１次朝鮮半島危機と呼ばれる大騒ぎになった。米朝両国の直接協議の結果、94年に米朝枠組み合意が結ばれ危機は収束する。

これを受けてＩＡＥＡ査察官の寧辺常駐が始まった。寧辺に駐在した経験がある前出のハイノネン氏によると、査察官は招待所と呼ばれるゲストハウスに寝泊まりし、外出が厳しく制限される中、自由時間は持ち込んだDVDなどで映画を見たり、卓球をしたりして過ごしたという。

ハイノネン氏が寧辺に滞在した期間は、核施設は運転停止の措置がほどこされていたため、核施設内の暖房も止まっていた。冬の寒さは厳しく、冷え切った椅子に座るのはつらいため、現地の新聞を載せて座った。新聞には政治宣伝のため北朝鮮指導者の写真が掲載されることも多い。その写真が印刷されている新聞を尻《しり》の下に置いたことが北朝鮮側にばれたら一大事となるのは確実だったが、寒さには耐えられなかった。

北朝鮮は09年4月、2回目の査察官に退去を命じ、それ以降、現在に至るまで査察官が核活動の現場に立ち入ることはできない。IAEAは衛星写真などを使い北朝鮮の核活動を監視、毎年9月に報告書を公表している。

22年9月公表の報告書によると、寧辺では5メガワット黒鉛炉が21年7月から6回目の運転を続けている。1年間に原爆1発分に相当する6～8キロのプルトニウムを生産する能力があるこの炉は、85年に初めて稼働して以降、2～3年間運転を続けては核燃料を交換する作業を繰り返している。

再処理作業は、燃料棒の裁断から始まる。これを硝酸液につけて溶かし、溶け出したプルトニウムを回収する。黒鉛炉で使った8000本の使用済み核燃料棒を再処理するには4～

5カ月かかる。作業後は、パイプ類に残る残留物を取り除くメンテナンス作業が必要になる。ＩＡＥＡによると、試運転を除くとこれまで5回、再処理が実施された。直近では21年2月から7月にかけて稼働した。22年はメンテナンス作業とみられる活動が続いた。

北朝鮮の5メガワット黒鉛炉（1992年5月撮影、IAEA提供）

核爆弾には、プルトニウムを使う長崎型原爆と、濃縮度を90％以上に高めた高濃縮ウランを使う広島型の2種類がある。5メガワット黒鉛炉と再処理施設は、プルトニウム爆弾用の施設にあたる。

北朝鮮は、高濃縮ウランを使う広島型原爆の開発も手がけた。西欧企業から87年ごろに機器を購入したのがきっかけだ。しかし、先にも触れたように、90年初頭にＩＡＥＡに無届けで実施した小規模な核燃料再処理により、少量のプルトニウムを取り出すことに成功したことでウラン計画を中断する。

だが、94年の米朝枠組み合意により、目指していたプルトニウム爆弾の開発計画は凍結された。北朝鮮は米国をだまし討ちにする形でウラン計画を復活させる。

これを加速させたのが90年代半ばにあったパキスタンとの取引だ。パキスタンのブット（娘）首相が93年末に北朝鮮を訪問したことを機に交渉が始まる。

この取引は「核とミサイルの交換」と呼ばれる。パキスタンはウラン濃縮に使う2種類の遠心分離機をはじめウラン濃縮の「スターターキット」を北朝鮮に提供、北朝鮮は見返りに中距離弾道ミサイル「ノドン」を供与した。パキスタンは、核弾頭を載せるミサイル製造に着手する。ミサイルの名は、かつてインドを征服した「ガウリ」王の名がつけられた。

米国と北朝鮮が94年に結んだ「米朝枠組み合意」で、北朝鮮は核兵器取得につながる活動をすべて停止する代わりに、発電用の軽水炉2基の供与が決まった。軽水炉で使った使用済み核燃料から取り出すプルトニウムは、黒鉛炉に比べて質が悪く、核兵器製造には向かないからだ。軽水炉建設のため日米韓とEUが出資して朝鮮半島エネルギー開発機構（KEDO）を設立、97年から北朝鮮東岸の咸鏡南道《ハムギョンナムド》琴湖《クムホ》地区で軽水炉の建設を進めた。また、原子炉が完成するまでの間、北朝鮮に重油を供給し続けた。

だが、ブッシュ（子）政権は、北朝鮮が米朝枠組み合意に反してウラン濃縮に取り組み出したことをつかむ。02年10月に平壌であった直接協議で、北朝鮮が手がけるウラン濃縮は合意違反だと非難した。北朝鮮は秘密ウラン濃縮開発の存在を認め、「枠組み合意」は崩れた。

北朝鮮はＩＡＥＡ査察官の追放、凍結していた核兵器取得を目指す活動を再開する。

もし、米国が違反の指摘に加え、状況改善に努めることで「枠組み合意」の継続を選択していたら、北朝鮮の核武装はなかったかもしれないと私は思う。だが、ブッシュ（子）政権で最も発言力があったチェイニー副大統領は、北朝鮮の金正日政権を敵視し「悪魔とは交渉しない」と言い切る人物。頭の中はイラクのサダム・フセイン大統領を倒すことでいっぱいだった。

北朝鮮は、ＩＡＥＡの査察官を追放し、監視の目がなくなった09年4月以降、寧辺に濃縮施設の建造を始めた。10年11月、北朝鮮の招きで寧辺を訪れたスタンフォード大のヘッカー教授らの一行がウラン濃縮施設に案内された。旧式の設備が目立つ他の核施設と違い、濃縮施設は極めて近代的で、パキスタンの「Ｐ２」型遠心分離機に似た約２０００基の分離機が整然と据え付けられていた。

北朝鮮は13年4月から濃縮施設の能力を2倍に増強したほか、21年9月以降さらなる増強工事を手がけた。ただ、北朝鮮の濃縮施設は、寧辺だけでなく、それ以外にもあるとの説が有力だ。

その根拠の一つ目は、ウラン濃縮を手がけるパキスタンやイランでは、手始めに研究施設、次いで小型の施設で研究開発に取り組み、技術習得のメドがたった後に数千基の分離機が収容できる本格的な施設を整備してきた経緯があるためだ。北朝鮮も同様の手順をとった可能性が高いはずだとＩＡＥＡは見る。

二つ目は、北朝鮮が19年2月にハノイであった2度目の米朝首脳会談の場で、寧辺の核複合施設を全て廃止する用意があると提案したこと。「別の場所に秘密の濃縮施設があるからこそ、寧辺の放棄を言い出せたのだ」との見方を補強する根拠となっている。北朝鮮は、これまでも米朝枠組み合意や六カ国協議で、失っても痛くない老朽化施設を相手に差し出し、制裁解除や大型の支援を勝ち取ってきた歴史がある。

もっとも疑わしい施設は平壌郊外の千里馬《チョンリマ》地域カンソンにある。ただ、現地査察ができない以上、カンソンに本当にウラン濃縮施設があるのかどうかは検証できない。北朝鮮の核施設をめぐっては、核兵器の組み立て場所、核兵器貯蔵場所、核燃料製造施設など場所が特定されていない重要施設が数多い。

北朝鮮が保有する核兵器の数も種類も不明な点が多く、専門家の推定値にもかなりのばらつきがある。米国防情報局（ＤＩＡ）は、北朝鮮が保有する核物質の総量が17年時点で核兵器60発分に達し、年12発ずつ増加していると分析する。また、7度の訪朝経験があるヘッカー教授は21年4月、北朝鮮のプルトニウム保有量は25～48キロ、核兵器を20～60発保有との分析結果を公表した。ストックホルム国際平和研究所（ＳＩＰＲＩ）は23年1月現在で、30

発保有と見ている。

ただ、5メガワット黒鉛炉や再処理施設、さらに、ウラン濃縮施設の稼働を続ける以上、北朝鮮が保有する核兵器の数は今後も増え続ける。時間は北朝鮮に優位に働いており、問題解決が遅れれば遅れるほど、非核化の達成はますます夢物語になっていく。

### □コラム　黒鉛炉と軽水炉

原子炉を効率よく運転するには、核分裂が起きる際に発生する中性子の速度を抑える必要がある。この役割を果たすのが「減速材」。その種類により原子炉の種類が変わる。

減速材に黒鉛を使うのが、黒鉛炉。日本や世界で最も普及している軽水炉は、普通の水の軽水を減速材に使う。重水を減速材に使う重水炉もある。

黒鉛炉は、燃料に天然ウランを使う。米国が第二次世界大戦中に手がけた原爆開発計画であるマンハッタン計画で使われた。燃焼効率が低く、発電用としては経済性に問題があるが、核兵器製造にはぴったりの良質のプルトニウムが製造できる。

英国もこの炉で生成したプルトニウムを使い、初の核爆弾を製造した。

ウィンズケール（現セラフィールド）核施設にある黒鉛炉で製造したプルトニウムが、英国初の核実験に使われたことを説明する展示（2011年4月、英北西部セラフィールド核施設で筆者撮影）

発電炉は、英国やソ連が開発、日本初の商業用原子炉である日本原電東海原発（茨城県）は、英国製の黒鉛炉を導入した。ソ連ではＲＢＭＫ炉と呼ばれ、１９８６年に大事故を起こしたチェルノブイリ原発はこの炉を使っていた。

軽水炉は、燃料に濃縮ウランを使う。沸騰水型（ＢＷＲ）と、加圧水型（ＰＷＲ）の２種類がある。原子力空母と原子力潜水艦ではＰＷＲ型原子炉を使う。

世界ではＰＷＲのシェアが圧倒的に高いが、日本のシェアは約半々で、東芝、日立がＢＷＲを、三菱重工がＰＷＲを製造している。電力会社によって炉の種類が異なり、東京電力、東北電力などがＢＷＲ、関西電力、四国電力などはＰＷＲを使う。

軽水炉は燃焼効率が高く発電に向くが、製造されるプルトニウムは質が悪く、核兵器製造には向かない。
重水炉も良質なプルトニウムが製造できる。インドは、カナダ製の重水炉で製造したプルトニウムを使い、74年に初の核実験を実施した。パキスタンも、中国製の重水炉で核兵器用のプルトニウムを製造している。

## (7) 北朝鮮の核戦略

ロシアのプーチン大統領に感化されたかのように、北朝鮮も2022年に核兵器をめぐる戦略を大幅に変更した。核兵器を先制攻撃にも使える兵器と位置づけたほか、戦術核部隊を創設、さらに、約5年ぶりに大陸間弾道ミサイル（ICBM）を発射するなど過去最多のミサイル実験を実施した。

北朝鮮の変化は22年春、朝鮮労働党の金正恩総書記の演説をきっかけに始まった。4月25日の軍事パレードの際、金総書記は、核兵器は米国などとの戦争抑止のためにあるとする従来の考えを述べる一方で「国の根本的利益を奪おうとするなら、我々の核兵器は第2の使命を決行せざるを得ない」と演説した。「第2の使命」は先制使用を意味するものと受け止められている。

さらに、12月末の朝鮮労働党中央委員会拡大総会でも「抑止が失敗した時には第2の使命も決行する。その使命は明らかに防御ではない」と、より明確に先制攻撃の可能性に触れた。

北朝鮮はこれまで「責任ある核保有国」として「敵が核を使用しようとしない限り、核兵器を乱用しない」と説明してきたが、これを大転換した。

目指すのは、「小型」「軽量化」した戦術核兵器の取得だ。核兵器の小型・軽量化は21年1月に公表した国防5カ年計画に盛り込まれており、これが実現に近づいている。22年6月に策定した重要軍事行動計画では、戦術核を載せた短距離弾道ミサイルを前線部隊に配備する考えを打ち出し、戦術核運用部隊も創設した。

戦術核の使用を想定するミサイル実験も繰り返す。韓国軍の空軍基地や司令部、在韓米軍への攻撃を想定した演習を22年9月末から10月初旬にかけて実施、7回も短距離ミサイルを発射した。10月には在日米軍基地攻撃用と見られる射程2000キロの巡航ミサイルを発射、黄海の上空を8の字を書くように3時間近くも飛行させた。さらに、年末の党中央委員会拡大総会で、保有する核弾頭の数を「幾何級数的に増やす」と宣言、戦術核の大量生産を目指す考えを打ち出した。

北朝鮮は、戦術核の能力を確かめ、改良するためのデータを得ようと、22年3月から過去

6回の核実験で使った北東部・豊渓里《プンゲリ》の地下核実験場の修復作業に着手した。北朝鮮は18年5月、米国との関係改善を図ろうと、この地下核実験場を爆破し、坑道を閉鎖したことがあることは先に述べた。修復工事は、これまで一度も核実験に使ったことがない一番南にある第3坑道が中心で、次回の核実験では、この第3坑道が使われる可能性が高い。

私は北朝鮮が核実験場を爆破した18年5月当時、ワシントンに駐在していた。複数の米国の核専門家を取材したが、彼らは「こんなものは茶番にすぎない。数カ月あれば復旧できるだろう」と話していた。その指摘通り、修復作業は開始後わずか3カ月で終了した。米国や韓国は「政治判断さえあれば、いつでも7回目の核実験を実施できる状態にある」と分析している。

22年3月には約5年ぶりのＩＣＢＭ実験に踏み切った。北朝鮮は18年4月、当時のトランプ米政権に接近を図るため、核実験とＩＣＢＭ実験をともに一時停止した。トランプ前政権は、成功には導けなかったものの、北朝鮮問題の解決を図ろうと首脳会談を続けた。北朝鮮がＩＣＢＭ実験のモラトリアムなど条件整備に努めたのと同様、米国も北朝鮮が嫌う米韓軍事演習の実施を控え、規模も縮小してこれに応《こた》えた。

だが21年1月に発足したバイデン新政権は、北朝鮮に対話を呼びかけはするものの、具体策を示さず、米朝関係は一転して膠着《こうちゃく》状態に舞い戻った形だ。米国の識者からは「バイデン政権の高官は『答えが出る可能性が少ない北朝鮮問題に取り組むのは時間と労力の無駄』との考えを示している」という声が聞こえる。バイデン氏が8年間にわたり副大統領を務めたオバマ政権も、12年以降「戦略的忍耐」という政策を掲げ、北朝鮮の核・ミサイル開発に歯止めをかける取り組みをしなかった。バイデン政権の対応は、まさにそれと似通う。

バイデン政権は韓国との合同軍事演習にも積極的に取り組む。北朝鮮がミサイル実験を繰り返すたびに米韓合同演習が実施され、これに反発した北朝鮮がミサイルを撃つ悪循環に陥っている。

バイデン政権は22年10月末に公表した「核態勢の見直し（NPR）」で、北朝鮮が核先制使用に踏み切れば「金正恩政権の存続はありえない」と記した。朝鮮中央通信は11月19日、金総書記の「核には核で、正面対決には正面対決で応える」との談話を伝えるなど、米朝の対立は深まる一方だ。

日本の防衛省は、北朝鮮が22年に73発のミサイルを発射したと分析している。これまでは19年の25発が最多だったが、大幅に更新した。中でも、11月3日には1日では最多の23発ものミサイルを発射している。

実験に使われたミサイルの種類も新型のＩＣＢＭや巡航ミサイル、さらには音速の5倍にあたるマッハ5以上の極超音速で飛ぶハイパーソニック兵器など多種多様だ。鉄道車両や貯水池からの発射や、夜間の発射など、実戦を意識してか打ち上げ手法も変化に富んだ。

10月には中距離ミサイル「火星12」の改造型ミサイルを打ち上げ、5年ぶりに日本列島上空を通過させ、11月には新型ＩＣＢＭ「火星17」を、最高高度約６０００キロまで打ち上げた後、北海道・渡《お》島《しま》大島《おおしま》の西方約２００キロの日本の排他的経済水域（ＥＥＺ）に着弾させた。この打ち上げ実験は、正恩氏とともにその妻と娘も見守った。

北朝鮮は、今後も引き続き核兵器やミサイルの増強に取り組むことが確実視されている。見据える目標は、21年1月にあった第8回朝鮮労働党大会で示されている。課題として挙げたのは以下の５つだ。

①　核兵器の小型化技術
②　米本土すべてを射程内に収めるＩＣＢＭ
③　極超音速（ハイパーソニック）兵器
④　液体燃料よりも発射時間が短い固体燃料型ＩＣＢＭ
⑤　原子力潜水艦

それから2年以上が経過し、北朝鮮は②の射程1万5000キロ以上の新型ICBM「火星17」の実験を22年3月から始めた。③のハイパーソニック兵器も実験。④の固体燃料を使うICBM取得を目指し、22年12月に固体燃料型の大出力エンジンの燃焼実験を北西部・東倉里《トンチャンリ》のミサイル実験場「西海《ソヘ》衛星発射場」で実施した。①の小型核技術は、準備中の7回目の核実験で検証することを狙う。

この中で最も戦略的に重要なのが④の固体燃料型ICBMだ。過去に北朝鮮が打ち上げた3種類のICBMはいずれも液体燃料を推進剤に使っていた。固体燃料に変えると発射までの準備時間が大幅に短縮される。これにより発射前に相手から発見され、攻撃されるリスクが大幅に減る。

さらに、推進力が増す。22年12月に実験した新型エンジンの推進力はこれまで最高だった100トンを上回る140トンを記録した。従来より射程の長いICBMの開発が可能となるほか、弾頭部分の大型化が可能となり、複数の核弾頭や、米国のMD網を欺く「デコイ」と呼ばれる偽弾頭を載せることも可能となる。デコイと本物の弾頭を見分けるのは極めて難しく、米国は、本土防衛のためにより多くの迎撃弾を発射する必要がある。

米国は1発のミサイルに最大4発の迎撃ミサイル発射を想定している。第二章でも触れたが、米国が現在、アラスカ州などに配備する迎撃ミサイルの数は44発で、北朝鮮が11発のI

ＣＢＭを米本土に向けて撃てば、撃ち尽くす計算になる。デコイが加われば、米本土防衛はより難しくなる。

米国の弱点を知る北朝鮮は、23年2月8日夜に実施した建軍75周年を記念した軍事パレードで、最新のＩＣＢＭ「火星17」を少なくとも11基披露した。さらにパレードの大トリには、開発中の固体燃料型ＩＣＢＭを4基登場させた。あわせて15基。人気漫画「北斗の拳《けん》」の表現を借りれば、米国に「お前はもう死んでいる」とのメッセージを突きつけたとも言える。

米国と同様に日本のＭＤ網も、相次ぐ北朝鮮の新型ミサイル実験で、瀬戸際に立たされている。状況の変化を受けて日本政府は、22年12月に閣議決定した防衛3文書に新たなＭＤである「統合防空ミサイル防衛（ＩＡＭＤ）」に取り組むと明記、米軍と協力しながら新たなシステムの構築に努める考えを打ち出した。

同時に、これまでの防衛政策を抜本的に変え、北朝鮮がミサイルを発射する前に攻撃する反撃（敵基地攻撃）能力の導入も盛り込んだ。ただ、反撃能力に実効性を持たせるのは容易ではない。

地上サイロにＩＣＢＭを配備する米中露とは違い、北朝鮮はミサイルを発射台付き車両（ＴＥＬ）や、鉄道車両に載せている。その場所を突き止め、発射前にそれをたたくのはそもそも容易ではない。

日本が単独で北朝鮮攻撃に踏み出す事態は現実にはありえず、米韓両国との共同対処が想定される。北朝鮮の脅威に対処するには、韓国と関係強化を図ることが不可欠で、それが実現できなければ、北朝鮮に対する敵基地攻撃は絵に描いた餅《もち》になる。

# 第六章　原発も「復権」

## （1）地球温暖化対策とウクライナ侵攻がきっかけ

２０１１年3月の東京電力福島第一原子力発電所の事故で、原発の「安全神話」が崩れ、世界中で原発を見直す動きが広がった。中でもドイツのメルケル政権は、17基あった原発を22年末までにすべて廃止する「脱原発」政策を導入した。オランダやベルギー、スイス、スペインもドイツに続いたほか、原発への依存度を減らす「縮原発」を進める動きも相次いだ。

原発は、福島事故以前は、脱炭素の切り札と位置づけられていた。地球温暖化ガスの削減を目指す05年2月の京都議定書の発効をきっかけに、発電時に二酸化炭素（$CO_2$）を排出しない原発に注目が集まり、世界各地で原発新造計画が相次ぐなど「原発ルネサンス」と呼ばれる時代が続いていた。だが、事故を機にこの気運は一気にしぼむ。

しかし22年にこの流れが反転し、原発を見直す動きが急速に広がった。それは言うまでもなく、ロシアによるウクライナ侵攻がきっかけだった。本章では、ロシアのプーチン大統領が仕掛けた戦争が、核兵器の復権にとどまらず、エネルギーの分野でも世界を変える大きな原動力となった様子を描く。

世界が、再び原発に注目した要因は二つある。

一つ目は、地球温暖化対策が待ったなしの状況となり、解決策として原発を選ぼうという動きが欧州をはじめ各国で再び強まったこと。二つ目は、そこに、ロシアのウクライナ侵攻が重なったことだ。侵攻をきっかけに、ロシアに依存しないエネルギー安全保障の確立が各国の最優先課題となる。

まずは地球温暖化問題が先行した。脱炭素化に熱心に取り組み、脱炭素化の先導役を自任するEUは、30年までに温室効果ガス排出量を1990年比で55％以上削減する目標を掲げる。目標達成には、石炭、石油、天然ガスなど地球温暖化ガスの排出量が多い燃料を使う発電所を徐々に減らし、太陽光、風力、バイオマスなど再生可能エネルギーを増やすことが基本となる。しかし、それだけでは穴埋めは難しい。石炭や石油火力に比べて温暖化ガスの排出量の相対的に少ない天然ガス発電や原発を、環境にやさしい「グリーン」エネルギーに認定すべきだとの主張が徐々に高まる。ただ、福島事故を体験した日本や、脱原発を掲げるドイツなどの国々から見れば、原発を「グリーン」と認めようとする動きは暴論と映る。

22年1月に開かれたEUの会議では激しい議論が交わされた。脱原発を掲げるドイツや、伝統的に「原発嫌い」として知られるオーストリアやデンマークが、原発を「グリーン」と認定することに強い異議を唱えた。一方、電力供給の7割を原発に頼る原発大国のフランスや、ソ連（ロシア）製原発への依存度が高い東欧諸国は賛成にまわる。

オーストリア、デンマーク、ルクセンブルクは原発だけでなく天然ガスの「グリーン」認定にも反対したが、結局、原発、天然ガスともに「グリーン」と認定された。

そのわずか1カ月後、ロシアがウクライナに侵攻する。力による現状変更に強く反発したEUは、米国や日本などとともにロシアに厳しい経済制裁措置を発動した。ロシアは対抗して欧州向けの天然ガス供給を絞る。EUは天然ガスの4割をロシアからの供給に頼っており、ガスを武器に揺さぶりをかけた形だ。

ほどなくして欧州諸国でロシアからの天然ガス供給が止まり始める。最初は、ポーランドとブルガリアだった。ロシア国営ガス企業「ガスプロム」は22年4月27日、両国への天然ガス供給停止に踏み切る。

ポーランドのロシア産ガスへの依存度は約5割、ブルガリアは9割にも達していたため、供給停止は両国に大きな打撃を与えるとの心配が広がった。しかし、欧州では近隣諸国同士でガスや電力を融通しあうシステムが整備されている。近隣諸国が両国にガスを融通したほか、国内備蓄もあった。需要期の冬が過ぎたという要素も重なり影響は出なかった。

長年、ロシアとの確執が続くポーランドは、こうした「有事」に備えガス調達先の多角化に取り組んでいる。米国から液化天然ガス（LNG）の輸入を始めていたほか、産ガス国ノルウェーからのパイプライン建設も進めていた。原発導入の方針も打ち出し、新型小型炉のほか大型炉６基を40年までに整備する方針を示す。これらの対策により、エネルギー分野での脱ロシアを図ろうとしている。

ブルガリアも隣国ギリシャとの新しいパイプライン完成を受けてアゼルバイジャン産の天然ガス供給が22年10月から始まった。ポーランドと同様に、脱ロシア化を目指している。

一方、欧州最大の経済力を持つドイツは窮地に立たされた。

ロシア産ガス依存度は５割強と、ポーランドやブルガリアより低いものの、他の欧州諸国と違いＬＮＧの受け入れ基地すらないからだ。ロシアに頼り切っていたツケが一気に噴き出た。

ドイツはバルト海に海底パイプライン「ノルドストリーム」を敷設し、11年11月からロシアから直接、天然ガスの供給を受けるシステムを築く。さらに能力倍増を目指し「ノルドストリーム２」も敷設、22年から稼働させる計画だった。

だが、稼働目前にウクライナ侵攻が始まり、ドイツのショルツ政権は、完成済みの「ノルドストリーム２」計画を破棄する荒技に出た。これに怒ったロシアは、パイプラインの「補修」などを理由にたびたび「ノルドストリーム」経由のガス供給をストップ、22年８月末には供給を完全停止した。その翌月の９月末にはデンマーク沖の海底で、何者かがノルドストリームを爆破したことで、供給再開が見込めない状況が続いている。

エネルギー事情の急変を受け、欧州各国では原発を見直す動きも広がった。脱原発を掲げるベルギーは22年3月18日、政策を一部変更する。稼働中の原発7基のうち2基だけは10年間延長して35年まで運転を続けることにした。デクロー首相は「地政学的に不安定な状況が続いている。エネルギー自立のため、決断は必要だ」と理由を説明した。

一方、21年12月にメルケル前政権の跡を継いだドイツのシュルツ連立政権は、脱原発を最も熱心に訴えてきた緑の党と連立を組むだけに、脱原発政策を変えるわけにはいかない。

ただ運の悪いことに、22年の夏は、最高気温が40度を超す熱波に見舞われる。「シャワーは5分以内で済ませよう」「手洗いはお湯を使わず水で」などと、シュルツ政権は国民に徹底した省エネを訴えた。世界遺産のケルン大聖堂ではイルミネーションが消え、街路灯の一部も夜11時で消えた。さらに、エネルギー消費量がピークを迎える冬でも、公共施設の暖房を19度とする方針を打ち出す。急場をしのぐため一時的に脱炭素の方針を棚上げし、休止していた石炭火力発電所を再開させた。

22年夏、欧州諸国は「過去500年で最悪」と言われる干ばつにも見舞われた。河川が干上がり、スイス・アルプスを源にオランダに注ぐライン川は、中部ドイツ・フランクフルト近郊で、水位が一時、浅瀬で40センチを切るまで下がった。座礁事故が相次ぎ、積み荷を減らすしかなくなる。普段なら２２００トンの荷物が積めるはしけは、3分の1以下の６００トンしか積めない状態に陥った。

四方を海で囲まれる日本と違い、スイスやオーストリア、チェコ、ハンガリーなど欧州では海に接していない内陸国が多い。ドイツも、北部以外は「海なし県」ばかりで、そうした地域にある発電所の多くは、燃料や機器の運搬に便利な川沿いに設置されている。だが、渇水の影響で、満足に石炭を火力発電所に運べない状態に陥った。急場をしのごうと、ドイツ政府は、鉄道やトラックへの輸送振り替えを検討したが、新型コロナ禍で深刻な人手不足が続いたあおりを受け、運転手の手当てがなかなかつかなかった。

こうした状況に、ドイツ国民の不満は徐々に高まっていく。22年8月に公表された複数の世論調査では、原発の運転延長を求める声が8割前後に達した。世論の変化を受け、政府は22年9月以降、原発を23年4月中旬まで運転延長することに追い込まれていく。

その後、どうなったか。

ドイツ政府は、国際エネルギー機関（ＩＥＡ）が、「歴史的大転換」と指摘するほどエネルギー環境が激変する中、公約通り脱原発を達成した。最後まで運転を続けていた3基の原発は23年4月15日、運転を止め、ドイツは脱原発を達成した。

## （2）野心的な原発整備計画

ＥＵが原発を、環境にやさしい「グリーン」エネルギーと認定したこともあり、原発大国のフランスや、英国などの欧州諸国が相次いで野心的な原発推進策を打ち出している。

中でもいち早く方針転換したのは電力供給の7割を原発に頼るフランスだ。マクロン大統領は21年11月、オランド前政権が掲げた「縮原発」から原発増設へとカジを切ると表明した。左派のオランド政権は11年の福島事故を受け、58基あった原発を25年までに14基閉鎖し、原発依存度を5割にまで減らす政策を打ち出していた。マクロン氏もこれを踏襲してきたが、この方針を撤回した。

マクロン氏は、ＥＵが原発を「グリーン」と認定したことを受けて22年2月、20年ぶりとなる新規原発6基を建設し、35年までに稼働させる方針を打ち出す。50年までに最大14基を新たに建造する考えだ。大統領は「この10年間、原発は世界的に氷河期にあった」と述べた上で「今こそ原発ルネサンスの時だ」と高らかに宣言した。

英国もフランスに続いた。ジョンソン政権は22年4月、新たなエネルギー戦略を発表し、エネルギー政策を安全保障戦略の一環として位置づけた。その上で、30年までに最大8基の原発を新設する計画を打ち出す。50年までには最大16基の原発を新設し、原発で賄う電力需要を現在の16％から25％に引き上げる野心的計画となっている。

22年8月現在、英国では9基の原発が稼働中だが、老朽化のため8基が28年までに閉鎖される予定だ。産業革命時代から英国の発展を支えてきた石炭火力発電所の退役も相次ぐ。ジョンソン首相は22年5月にハートルプール原発を視察した際、原発建設のペースについて「10年に1基ではなく、毎年1基だ」と強気の方針を示した。

英国のほか、石炭資源が豊富なためこれまで原発を導入したことがなかったポーランドが大型原発の整備を目指す。またブルガリアやルーマニア、スロベニアなどロシアへのエネルギー依存度が高い諸国も原発の増設を目指している。特に、大型炉に比べ工期が短く、建設コストの安さが売り物の新型モジュール炉（ＳＭＲ）への注目度が高く、フランス、英国のほか、ポーランドなど東欧諸国も積極的に導入を目指す考えだ。

日本の隣国である韓国でも22年5月に発足した尹錫悦政権が、前政権の政策を大幅に見直し、原発を積極的に推進する方針にカジを切った。

韓国では17年の大統領選で脱原発政策を掲げた文在寅《ムンジェイン》氏が当選、南東部・慶尚北道《キョンサンプクド》の新ハンウル原発3、4号機の建設計画を白紙撤回した。老朽化した原発の稼働延長の停止も表明した。

これに対し現在の尹大統領は、前政権との違いを強調しようと、選挙期間中から「脱原発政策を白紙化し、最強の原発強国を作る」と訴えてきた。就任後に新エネルギー政策を決定し、発電に占める原発の割合を21年の27・4％から30年には30％以上に引き上げる。また、前政権が白紙撤回した新ハンウル原発の建設再開も宣言した。さらに、30年までに原発10基を輸出する目標を掲げ、原発を成長戦略の要《かなめ》と位置づけている。韓国は、すでにアラブ首長国連邦（ＵＡＥ）に４基の原発を輸出した実績があり、現在、サウジアラビア向けの輸出を中露両国と競い合っている。

原発回帰の動きを専門家はどう見ているか。まずは、原発応援団とも言える国際エネルギー機関（ＩＥＡ）が22年６月に発表した特別報告書をひもといてみる。

ＩＥＡは、原発が「復活するまたとないチャンスが訪れた」と分析する。50年に温室効果ガス排出量の実質ゼロであるカーボンニュートラルを実現するには、原発が「不可欠」と指摘、目標達成には原発を倍増させる必要があると説いた。現存する世界の原発の発電容量は22年時点で約４億キロワットだが、これを50年に約８億キロワットとするイメージになる。

中国、ブラジル、インド、南アフリカのＢＲＩＣＳ諸国や、東南アジア、アフリカ、中東諸国など新興国や途上国でも原発急増が見込まれる。発電容量は20年の１億２０００万キロワットから50年には４億８０００万キロワットへと４倍に増え、欧米諸国を抜き原発を支える主役となる。先進国が主導した時代が終わり、新しい時代が来る。そんな足音を感じる。

中でも中国の伸びが著しいと見込まれている。電力供給量では20年にフランスを抜いて世界2位の原発大国となった中国は、今後、毎年8基ずつの原発を建設し、30年には米国を抜き世界トップとなり、50年には発電量ベースで世界の3分の1を占めるとIEAは予想している。

インドも25年までに900万キロワット分の新規原発を建設予定だ。ただ、こうした新たな原発需要に応えるのは、欧米諸国や日本など先進国の原発メーカーではなく、中国とロシアのメーカーが担うことが確実視されている。

IEAによると、17年以降に世界で着工した31基の原発のうち、中国製とロシア製の原発が実に27基。一方、先進国のメーカーでは、フランスのフラマトム（旧アレバ）が、「欧州加圧水型炉」（EPR）を中国、インドなどで建造を続ける以外は苦戦が続く。

かつては日本でも政府が日本製原発を海外に売り込む「インフラ輸出」を試みたことがある。だが福島事故後に失速、20年9月には最後まで残っていた日立が英国での原発建設を「採算が取れない」と断念したことでゼロとなった。

一方、ロシアはこれまでVVERと呼ばれる軽水炉をロシア国内に38基建造したほか、八カ国に42基を輸出している。このうち15基がウクライナにある。現在も、欧州ではハンガリーとスロバキア、アジアではインド、バングラデシュ、中東ではトルコとエジプトなどでロシア製原発の建造が進むなど、ウクライナ侵攻の影響は、ロシアの原発ビジネスには及んでいない。

## （3）日本も原発回帰

福島事故をきっかけに、一度は手じまいしようと諦めかけた日本の原子力発電。だが、世界各国が原発回帰に動き出す中、日本でも大転換が起き始める。岸田政権は22年8月、福島事故以降の歴代内閣が封印していた原子力発電所の増設に踏み切る政策を打ち出した。50年の温室効果ガス排出「実質ゼロ」の目標達成に加え、ウクライナ情勢を機に一気に不安定化した日本のエネルギー安全保障を再構築することを見据える。

岸田文雄首相は21年の自民党総裁選で「再エネ一本打法では対応できない。原子力は大切な選択肢だ。将来的に小型炉、核融合につなげていく」と述べるなど、かねてから原発の「復権」を目指す発言を続けていた。今回の大転換は、その路線に沿ったものだ。

日本の取り組みは、ロシアにエネルギーの多くを依存していたドイツが、信念を貫き脱原発を成し遂げたこととは対照をなす。

批判を浴びるのを承知の上で言えば、私は「日本には哲学がないのだろうか」と考え込んでしまう。外国の人々に聞かれたら、この転換をなんと説明すればよいのだろう。自分は説明できるだろうか。いや、そんな恥ずかしいことはできそうもない。

自民党も含め、我々が福島事故で得た教訓は、すべての原発を即時に廃止することはできないが、代替エネルギーなどの整備を進め、原発の役割をできる限り下げていくことだったはずだ。岸田政権も21年10月にまとめた第6次エネルギー基本計画で、原発依存度を「可能な限り低減する」との方針を明記している。それを「忘れてしまった」のだろうか。もしそうなら、早く医療機関で受診することを薦めたい。

私情はさておき、いま、日本政府が取り組む原発復権策のポイントを検証する。その柱は①福島事故後に止まっていた原発の早期再稼働　②原発の寿命を40年から60年に延長　③「次世代革新炉」と呼ぶ新型の原発を導入――の3つとなる。

11年3月の東京電力福島第一原発事故を教訓に、日本は原発事故の再発防止に向けた取り組みを始めた。原発の安全性を審査する規制機関も、原子力推進の立場にある資源エネルギー庁の原子力安全・保安院を廃止し、新たに環境省の外局に原子力規制委員会を12年に設けた。地震や津波などの自然災害への対策を強化した新たな安全基準（新規制基準）の達成を各電力会社に義務づけた。

事故前に比べて独立性が高まった規制委が安全審査を担当、それに合格した原発だけが、地元首長や住民の同意を経て再稼働できる仕組みとなった。新基準達成には多額の投資が必要で、老朽化した炉ほど多額の回収費用が必要となる。このため、電力各社は「採算が見込めない」多くの炉を廃炉処分とした。

規制委員会はこれまで17基に「合格」通知を出している。だが、運転再開に向けた地元との交渉が難航し、本書執筆中の23年8月18日時点で再稼働した原発は11基にとどまる。

政府は、安全審査に合格しながら動いていない6基の原発を一刻でも早く再稼働させたい意向を示す。その筆頭は、東京電力柏崎刈羽《かしわざきかりわ》原発6号機、7号機（新潟県）となる。1基あたりの発電容量が135万6000キロワットと日本で最大規模の原発であるほか、福島事故を起こした東電の原発としては最初の再稼働になるという象徴的な意味があるからだ。また、東電にとっても、電力供給力の5％を占める柏崎刈羽6、7号機の早期稼働は、経営上も大きな意味を持つ。

政府は地元自治体との調整にも乗り出す構えを示すが、それ以前に解決しなければならない難題がある。

柏崎刈羽原発では18年以降、施設侵入を防ぐ検知装置の故障を複数放置したほか、職員が他人のIDカードを不正使用して中央制御室に侵入するなど、テロ対策の不備をはじめさまざまな不祥事が起きた。事態を重視した原子力規制委員会は21年4月、事実上の運転禁止命令と言える是正措置命令を出した。再稼働には、まずは、この命令を解除する条件を整えることが必要となる。

だが規制委が23年6月に、改めて東電が原発を運転する適格性があるかどうかを確認する作業が必要との考えを示し、さらに8月末には現地調査実施の方針を打ち出したことで、再稼働の時期が遠のく気配が濃厚となっている。東電は、7号機の再稼働を23年10月、6号機は25年4月の運転再開を見込んでいたが、厳しい状況にある。

規制委がＯＫを出した後も、地元との交渉がある。新潟県の花角英世《はなずみひでよ》知事は23年1月に「(東電は県民の) 信頼を失っている状態と言わざるを得ない」と不祥事続きの東電に強い不信感を示している。

西村康稔《にしむらやすとし》経産相は22年8月の就任直後「国も前面に立って、立地自治体などの理解や協力を得られるように粘り強く取り組んでいきたい」と公言しており、早期の再稼働実現は、東電だけでなく政府の対応も問われることになる。

柏崎刈羽原発以外でも、地元との調整が難航している原発がある。日本原子力発電の東海《とうかい》第二原発だ。原発のある茨城県東海村が、周辺の5市と事故時の避難計画作成を続けているが、緊急防護措置区域に指定された原発から30キロ圏内には約94万人が居住するため、課題が多い。

ちなみに、福島事故前の防災対象地域は、原発の半径約10キロだった。事故の影響は最大約30～50キロ離れた飯舘村《いいたてむら》にも及び、全村民避難に追い込まれた。事故から12年を経た23年になっても、帰還できない人が多くいる。

規制委の審査にパスした東北電力女川《おながわ》2号機（宮城県、24年2月再稼働予定）、関西電力高浜《たかはま》2号機（福井県、23年9月予定）、中国電力島根2号機（島根県、24年夏以降）の3原発3基は、地元が再稼働に同意済みだ。テロ対策を強化する「特定重大事故等対処施設（特重施設）」などの工事が終わり次第、順次、再稼働する予定だ。

原発復権に向けた二つ目の柱は、原発寿命の延長となる。

福島事故を受け、当時の民主党政権は事故翌年の12年に原子炉等規制法を改正し、原子炉の運転期間を最長40年とする、いわゆる「40年ルール」を定めた。長期間に及び中性子を浴びると、金属材料がもろくなる「中性子脆化《ぜいか》」と呼ばれる現象が原子炉や配管で起きやすいとされるほか、コンクリートや電気ケーブルの劣化するリスクがあると指摘されている。こうしたことに起因する事故を防ごうという考えのもとに制定された。

ただ、規制委が劣化状況を厳しく検査する「特別点検」で、運転継続を認めると判断した場合は、1回に限り運転期間を20年間延長することが認められた。「原則40年、最長60年」

とする新ルールは、当時、野党だった自民党、公明党も賛成している。ちなみに、現時点で運転開始から40年を超した原発は関西電力美浜《みはま》3号機など四基あり、再稼働したのは美浜3号機と高浜1号機の二基となっている。

一方、「既設原発の最大限の活用」を打ち出した岸田政権は「40年ルール」を骨抜き化し、60年を超えても原発運転を可能とする法改正案を23年2月に閣議決定した。形式的には「原則40年、最長60年」を維持するが、東日本大震災後に規制委の審査により原発が停止していた期間などを、運転期間から「除外」する措置も設けている。東電柏崎刈羽発電所や日本原電東海第二など、運転停止期間が10年以上に及ぶ炉が複数あり、それを活用しない手はないという案のようだ。

さらに政府は、驚くべき一手を打つ。「原則40年、最長60年」とするルールは、これまで原発の安全規制を定める原子炉等規制法に明記していたが、これを削除し、原発の積極的活用を掲げる経済産業省が所管する電気事業法に移した。この変更を盛り込んだ「GX（グリーントランスフォーメーション）脱酸素電源法」が23年5月31日に参院本会議で賛成多数で可決、成立した。安全規制から原発活用策への「華麗なる転身」、原発に疑問を持つ人々の立場から見れば「大改悪」と映る。福島事故で崩壊したはずの「原発の安全神話」が、再び、産業政策として復活した形で、まさに大事件と言える。

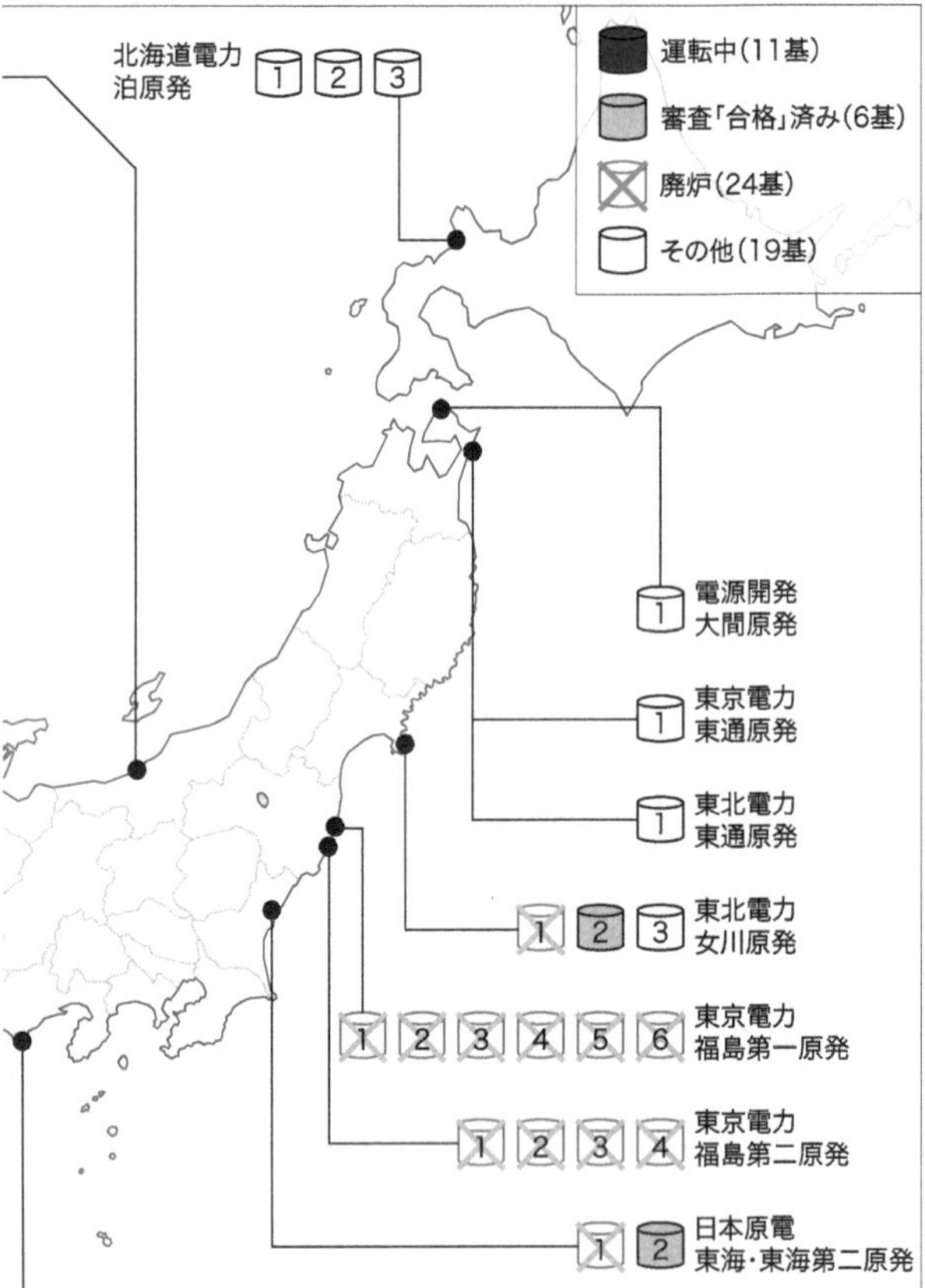


日本の原子力発電所の現状(2023年8月18日現在)(資源エネルギー庁の資料をもとに作成)

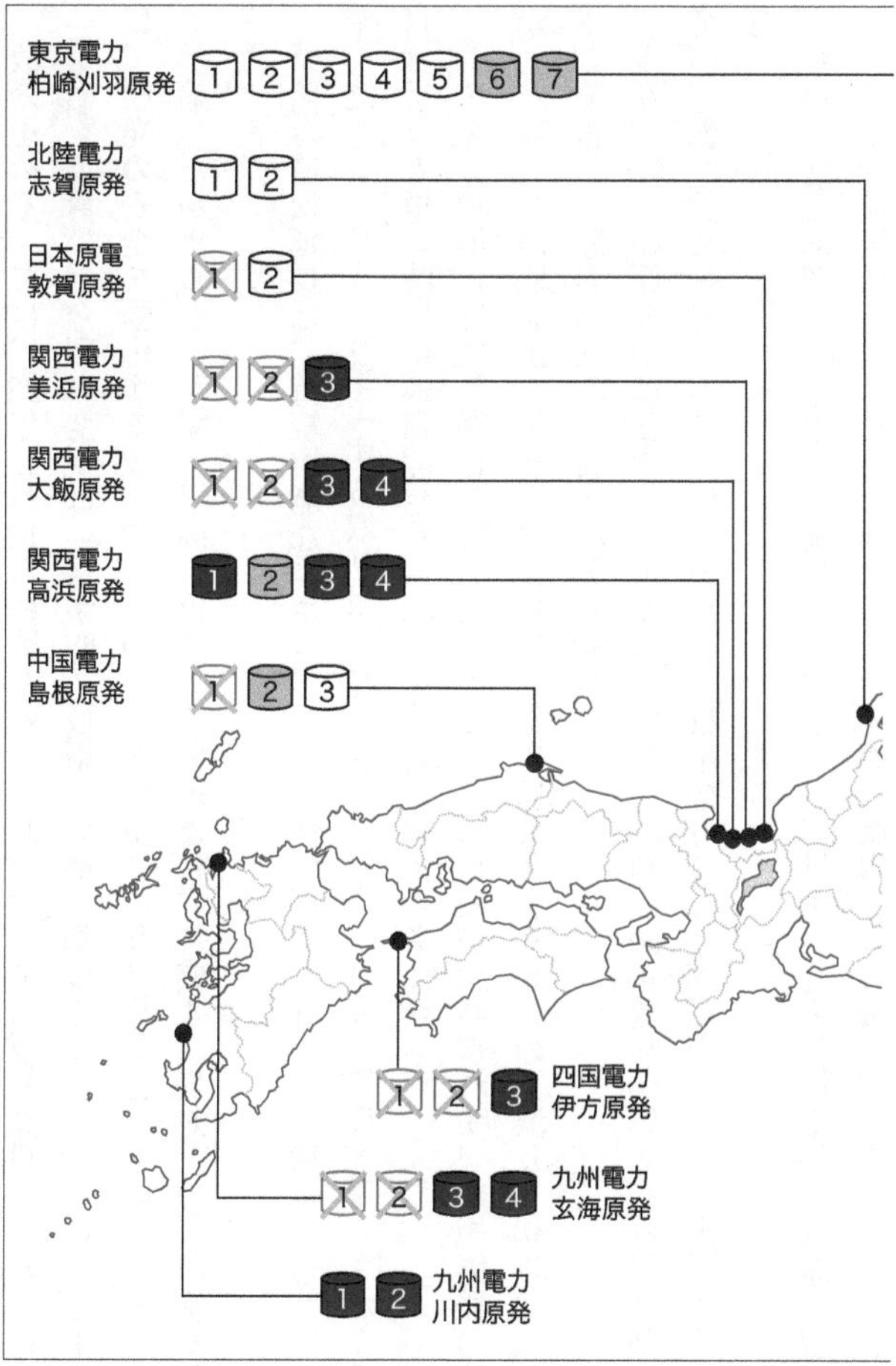

東京電力
柏崎刈羽原発
1 2 3 4 5 6 7
北陸電力
志賀原発
1 2
日本原電
敦賀原発
1 2
関西電力
美浜原発
1 2 3
関西電力
大飯原発
1 2 3 4
関西電力
高浜原発
1 2 3 4
中国電力
島根原発
1 2 3
四国電力
伊方原発
1 2 3
九州電力
玄海原発
1 2 3 4
九州電力
川内原発
1 2

改変をめぐっては、23年2月13日に開かれた規制委の場でも反対意見が出た。地質学者の石渡明《いしわたりあきら》委員は、今回の変更は「科学的、技術的見地に基づくものではない」と主張。さらに、原発の安全を強化する改正でもないことを理由に「私は反対だ」と明言した。委員5人で議論したが決着がつかず、異例の投票に持ち込まれ、賛成4、反対1の多数決で原案了承となった。

原発の運転延長は、持続可能なエネルギー安全保障環境を確立する観点から、国際エネルギー機関（IEA）も重視する取り組みだ。これは日本より先に原発が導入された欧米では、日本よりも早い時期に運転開始から60年を迎える事情があるからだ。

IEAは22年6月に発表した特別報告書で、運転延長が認められず、新規原発の建設もなかった場合、西側諸国の原発発電容量は30年には現在より3分の1減り、40年には7割も減ると分析し、原発の運転延長が必要と勧告した。

現在、92基の原発が運転中の米国では、すでに50基の60年運転が認められ、6基は80年までの運転が認められている。岸田政権は、日本でもこれと同様のことを実現しようとしている。

だが、運転期間の60年までの延長が実現しても、日本が抱える根本的な問題は解決できない。日本で最後に新設された原発は09年の北海道電力泊《とまり》3号機で、多くの炉が年を重ねているからだ。

このため、規制委に申請中のものを含め33基の原発すべてが仮に最大60年間運転した場合でも、新規の原発が稼働しなければ50年代末には稼働する原発の数は5基に減ってしまう。運転を停止していた期間を運転期間に算入しない新ルールを適用しても、大勢に影響はない。

とはいえ、福島事故を体験した日本で、新たに原発を建設することは至難の業と言えるだろう。電力会社は当然、それを計算済みで、既存の原発サイトに新型炉を設置する「建て替え」を第一に据えた取り組みを始めている。建て替え候補の筆頭は、3基のうち2基が廃炉となり、3基目も36年には運転開始から60年を迎える関西電力美浜原発（福井県）と、2基のうち1基の廃炉が決まった日本原電敦賀《つるが》原発（同）とみられている。

原発復権の三つ目の切り札は、「次世代革新炉」だ。経済産業省の諮問機関である原子力小委員会の革新炉ワーキンググループが導入の可能性を探っていたもので、革新軽水炉、小型軽水炉（SMR）、高温ガス炉、高速炉、核融合炉の5種類が想定されている。

革新軽水炉は、従来の軽水炉に比べ安全性に配慮した炉という点が売り物とされる。地震や津波など自然災害も含めて事故が起きた際、運転員の操作や電源が無くても原発が自然に止まる仕組みを備える。炉心が溶融するような重大事故時には溶け出した高温の燃料デブリを受け止めて冷やす「コアキャッチャー」も炉心の下部に設けている。炉心の破壊などを防ぐ仕組みだ。

ただ、この程度の機能に「革新」という名をかぶせるのは、いささか気恥ずかしい気がする。なぜなら、フランス製のEPRや、米ウエスチングハウス社を中心に開発された新型加圧水型原子炉「AP1000」など、すでにこうした機能を導入済みの原子炉があるからだ。日本では「革新」かもしれないが、世界ではその名は通じない。下手な厚化粧に過ぎない。

SMRと呼ばれる出力30万キロワット以下の小型軽水炉も革新炉のひとつだ。ただ、日本の原子力委員会は、いまから40年以上も前の82年に定めた原子力長期計画の中で、小型原子炉について「比較的早期に実現する可能性がある」と明記したことがある。つまり、SMRは「古くて新しい」炉なのだ。

だが、日本では小型軽水炉はこれまで1基も建設されてこなかった。なぜか。その訳はいたって単純で、原発立地の確保が極めて難しいという問題があるからだ。電力会社はようやく確保した立地を最大限活用したい。大型炉の導入を最優先に見据え、小型炉には見向きもしなかった。立地問題は今後も好転は見込めず、日本ではスケールメリットに劣るSMRの導入は、難しいのではないかと私は見ている。

3番目に挙がる高温ガス炉は、原子炉を冷やす冷却材に水ではなくヘリウムガスを使い、発電効率が高い特徴がある原子炉だ。自動車運転用などに使う水素の製造にも使える点が売り物でもある。日本でも、茨城県大洗町《おおあらいまち》にある日本原子力研究開発機構の施設に高温工学試験炉（ＨＴＴＲ）がある。

米国では、Ｘエナジー社が小型高温ガス炉「Ｘe１００」の開発を手がける。1基当たりの電気出力は7万５０００キロワットで、これを4基接続して30万キロワットとするイメージだ。英国も30年代初頭までに実証炉の完成を目指す。ただ、商業炉として導入された例は世界でもまだなく、日本での運転開始は早くても40年代となりそうだ。

高速炉は、廃炉が決まった高速増殖炉「もんじゅ」と同様、金属ナトリウムを減速材に使う。米国では、マイクロソフト創業者のビル・ゲイツ氏が会長を務めるテラパワーが21年6月、西部ワイオミング州に出力34・5万キロワットの実証プラント「ナトリウム」を建設すると発表した。20年代後半からの運転開始を目指す。

以前、私は日本の高速増殖炉の開発に携わった技術者たちを取材したことがある。すでに第一線から退いていた彼らは「もんじゅ」が廃炉になれば、「私の人生はいったい何だったのかと己に問うことになるだろう」とさみしそうに話していた。是が非でも苦労して磨いた技術を未来につなぎたい。そんな思いを背景に、「もんじゅ」などで培った技術を持つ日本原子力研究開発機構と三菱重工業は、テラパワーに情報を提供する協力覚書を22年1月に結んでいる。

五つめの核融合は、太陽の内部で起きているのと同じ水素とヘリウムの核融合を利用してエネルギーを取り出す仕組みだ。「地上に太陽」を造ろうという夢物語で、まだ開発中の段階にとどまる。早期導入の見通しは全くたっていない。

結論を言えば、五つある「革新炉」のうち、日本での有望株は革新軽水炉だけだ。ただ、コストの問題が立ちはだかる。

フランス、英国、フィンランドでは革新軽水炉と似るＥＰＲなど最新型炉の建設が大幅に遅れ、コストが予想をはるかに上まわった。この結果、フランス最大の電力会社「フランス電力（ＥＤＦ）」は巨額の債務を抱えて国有化されてしまう。

かつては、１００万キロワット原発の建設費は１基あたり約４０００億円とされていたが、福島事故後に安全基準が強化されたことで、革新軽水炉の建設費用は１基１兆円にも跳ね上がった。電力各社は経営上のリスクと相談しながら取り組んでいくことになる。

こうしたこともあり、電力会社は政府が掲げる革新炉導入より、まずは現実的な再稼働を優先させ、さらに運転期間の延長を活用する腹づもりのようだ。さらに、中国電力の島根３号機や電源開発が青森県大間《おおま》に建設中の大間原発など、建設中や計画中の原発の早期整備に力を入れる現実的な対応を模索することになりそうだ。

## （4）注目のＳＭＲ

原発の復権が叫ばれる中、小型モジュール炉（ＳＭＲ）や新型モジュール炉（ＡＭＲ）と呼ばれる新しいタイプの原子炉が注目を浴びている。中でもＳＭＲは、前節でも紹介した５つの「次世代革新炉」のひとつで、各国の関心が高い。開発をめぐっては、欧米だけでなく中国やロシア、韓国など数十を超す企業がしのぎを削る。

さらに、30年までに温室効果ガス排出量を１９９０年比で55％以上削減する目標を掲げるＥＵ諸国では、期限内に環境目標を達成する必要があるため、工期が短いＳＭＲを導入しようとする動きが活発化している。

ＳＭＲは、Small Modular Reactor の頭文字をとったもの。従来の原発は、発電容量が１００万キロワットを上回るものが主だったが、おおむね30万キロワット以下と小型なのが特徴だ。

機器をモジュール化して現場で組み立てる簡便さが売り物で、従来なら5年から7年かかる工期を、３年程度に短縮できると期待されている。大量生産によるコスト低下も見込んでいる。米国のニュースケール・パワー社は、７・７万キロワットのＳＭＲを最大12基連結し、出力を約92万キロワットまで引き上げることが可能としている。軽水炉と十分に競争できるとの認識を示している。

小型なため冷却しやすく「大型炉より安全性が高い」点も売り物にしている。ニュースケール社のSMRは、地震や大災害などで冷却水の供給が止まっても、核燃料を覆うプールの水がすべて蒸発するまで1カ月かかり、その間に炉心の温度が下がり、炉心溶融（メルトダウン）につながりにくいことを売りにしている。

SMRは、地球温暖化対策のため廃止や縮小方向にある石炭火力発電所の建て替え用としても注目されている。石炭火力の発電容量は70万キロワット以下が多く、SMRを1基から数基、組み合わせて置き換える方式が考えられている。

従来の石炭火力発電所と同じ場所にSMRを建設すれば、すでに整備されている送電網や、炉の冷却に使う水の確保、機器を輸送する鉄道や道路も活用できる。石炭火力で働いている労働者の再雇用にもつながる。政治家がSMRの導入に関心を示すのは、こうした事情も背景にある。EUは石炭火力を30年までに全廃する目標を掲げる国が多い。それに伴う建て替え容量は3400万キロワットに達すると見込まれている。

石炭火力廃止の動きは欧州に限られた話ではない。国際エネルギー機関（IEA）は40年までに世界で約8000基が閉鎖される可能性があると見ている。これだけでも巨大な市場だが、日本より冬の寒さが厳しい欧州では、スチーム暖房用の温水を各家庭に供給する熱供給システムが普及している。SMRで発電と熱供給を組み合わせる案も検討されている。さらには、中東では海水淡水化、水素製造にもSMRを活用する案が浮上するなど可能性は広がる一方だ。経済協力開発機構（OECD）は、35年までにSMRによる発電容量が最大約2000万キロワットに達する可能性があると強気の予想を立てている。

SMRをめぐる世界の現状を見てみよう。海外電力調査会によると、建設中や設計中を含めて世界では少なくとも73基の開発が進む。すでに世界初のSMRを稼働させたロシアと、開発メーカーが20社を超すと言われる米国が牽引役《けんいんやく》を果たしている。米国は18基、露では17基が開発中とされる。

世界初のSMRはロシアが開発した「浮体式原子炉」と言われる。全長144メートルの大型はしけの上に出力7万キロワットの原発を設置したもので、20年5月から北極海に面する極東チュクチ自治管区で運転を始めた。最新型の浮体式原子炉も27年以降の稼働を予定している。電力網の整備が難しいへき地への電力供給を目的に据えている。陸上設置型のSMRにも取り組んでおり、北アフリカ諸国や中東、東南アジア諸国がロシアのSMRに強い関心を示している。

米国では、前述のようにニュースケール社が出力7・7万キロワットのSMRを開発、アイダホ国立研究所内に設置する許可を得るなど先行している。21年春には、日本のプラントメーカーの日揮やＩＨＩがニュースケール社への出資を決め、ＳＭＲ事業への参入を宣言した。ＩＨＩは原子炉格納容器や技術面での協力を見込む。ただ、20年に米で設計認証を取得した韓国の斗山《ドゥサン》重工業は日本企業を上回る1億ドルをニュースケール社に出資、すでにタービンなどの機材を納入するなど日本企業よりも先行している。

日立も米ＧＥと組みカナダでＳＭＲを受注、28年ごろの稼働を目指す。三菱重工業も40年代の実用化を目指してＳＭＲの開発に取り組んでいる。

欧州では、ルーマニア、ポーランド、ブルガリア、エストニア、チェコなど多くの国が早期導入を目指すほか、英国とフランスが独自のＳＭＲを開発しようと取り組みが続く。

バラ色に見えるＳＭＲだが、いくつか課題もある。中でも、新型炉導入の際は必ず浮上する安全規制に関わる問題だ。型式承認などが長引けばコストも上がる。普及促進には、世界共通の安全規制を築けるかどうかがカギとなる。ＳＭＲ促進を目指しているＯＥＣＤは、ＳＭＲの安全規制に関した国際条約の制定を提言、世界エネルギー機関（ＩＥＡ）も「ＳＭＲの成功は規制当局の支援次第だ」と指摘している。

日本の規制当局である原子力規制委員会も、更田《ふけた》豊志《とよし》委員長が22年1月の記者会見で「Ｓ

ＭＲと型式認証は相性が良い」と述べるなど、ＳＭＲに合った新たな認証方式を導入する可能性を示唆している。

ＳＭＲが抱える二つ目の課題は核燃料だ。現在、世界で主流である軽水炉には、濃縮度５％以下のウラン燃料を使うが、小型のＳＭＲでは燃焼効率を高めるため濃縮度15％〜19・75％の「ＨＡＬＥＵ」と呼ばれる核燃料を使う。この核燃料は、欧米諸国の濃縮企業も供給できるが、それには新規投資が必要となる。現時点では、供給できるのはロシアだけとなっている。ウクライナ侵攻で激変した世界情勢の中で、燃料の安定供給策もＳＭＲ普及のカギを握る。この話は、次節で触れる。

最後に指摘しておきたい点は、ＳＭＲは従来の軽水炉に比べれば小型だが、原発である以上、使用済みの核燃料などの核のごみが出る点だ。日本をはじめ核のごみの最終処分地を選定できていない国は多く、ＳＭＲをはじめとする新型炉が登場した場合でも、この問題が解決するわけではない。

経済界トップの十倉雅和《とくらまさかず》経団連会長は毎日新聞などの23年の年頭向けインタビューで「原発は核のごみという廃棄物の問題が常につきまとう」と指摘、特に、高レベル放射性廃棄物の最終処分地が決まっていないことを問題視し、「決して（原発の稼働に向けて）いけいけどんどんのきれい事だけの世界ではない」と述べている。

岸田首相は23年1月のテレビ番組で、最終処分問題について「大きな課題だ。国が責任を持ってバックエンドをどうしていくのか明確に示していかなければならない」と述べ、新型炉の導入や原発再稼働などの問題などと並行して核のごみ問題に取り組む姿勢を示した。10万年以上も安全に管理をする必要がある核のごみ対策も人類にとって重要な問題のひとつ。政府がどんな手を打つのか、私も注目している。

□コラム
## 核兵器と核のごみ

原子力発電所は「トイレのないマンション」と呼ばれる。使用済み核燃料など核のごみの処理・処分場の設置が、日本をはじめ各国で難航しているためだ。その事情は、核兵器や原子力潜水艦など軍事部門も同じだ。

東西冷戦の終結を受けて核軍縮が進み、1986年には7万発以上あった核兵器は、2022年には約1万2500発となった。核兵器も解体され、これに伴い、高濃縮ウランやプルトニウムが出る。

高濃縮ウランは、薄めれば原発の核燃料に再利用できる。米国は93年、ロシアの核兵器解体

フィンランドが使用済み核燃料を地下処分する際に使うキャニスター（2011年7月、フィンランド南西部のオルキルオトで、筆者撮影）

を支援するため、軍事用高濃縮ウランを薄めて製造した核燃料５００トンの購入を決め、契約通り調達を終えた。

米露は余剰プルトニウムについても00年、双方が34トンずつ処分することに合意した。ロシアは合意に沿って、余剰プルトニウムを高速炉用の核燃料に加工して使っている。

米国は、日本でプルサーマルと呼ばれるウラン・プルトニウム混合酸化物（ＭＯＸ）燃料を作り、軽水炉で使う計画だった。南部サウスカロライナ州でＭＯＸ燃料工場の建設を始めたが、大幅に予算超過となったため、米政府は18年に計画を断念する。

それに代わり現在は、プルトニウムに混ぜ物をして希釈し、西部ニューメキシコ州にある軍用地下処分場に捨てる計画を進める。

ただ、プルトニウムの性質は変わらないため、軍用に再利用できる。ロシアは「米国はいずれ兵器に使うため処分場から持ち出すのではないか」と批判している。

原潜の処分も難航中だ。英国は当初、コンクリートを詰め、深海に投棄する案を検討していたが、核物質の海洋投棄を禁じる国際条約が整備され、手詰まり状態に陥った。

80年に退役した原潜1番艦「ドレッドノウト」をはじめ、退役した22隻の原潜すべてが基地に係留中で、このうち半数は、使用済み核燃料の取り出しすらできていない。

## (5) 原子力でも脱ロシア

核兵器大国のロシアは、民生用原子力でも世界有数のポジションを築いている。原子炉や核燃料を東欧諸国やアジア、アフリカなどに輸出するほか、核燃料や濃縮ウランも世界一の製造能力を保有している。ウクライナ侵攻以降、ロシア産の天然ガスや石油への制裁が科せられた。同じような変化が、原子力分野でも出ているのか。本節ではそれをみていく。

欧米諸国は、2022年2月のウクライナ侵攻を機に、石油、天然ガスなどエネルギー部門でロシアに厳しい制裁措置を科した。だが、原子力分野は、ロシアへの依存度が高い上、短期間では代替が難しい特性があることから制裁の対象とはなっていない。欧米諸国がロシアの動向に左右されず、原子力発電を本格的に「復権」させるには、こうした濃縮ウランや核燃料の手当てでも「脱ロシア」が課題となる。

ロシアがウクライナに侵攻を始めた日、東欧のスロバキア、ハンガリーの原子力当局は頭を抱えた。スロバキアはウクライナの西隣、ハンガリーは南隣に位置する。ロシア産核燃料をウクライナ経由で鉄道輸送していたが、開戦によりそれが困難となった。

スロバキアは電力供給の53%、ハンガリーは48%を原発に頼る。東欧諸国の中でも原発依存度が高い国として知られる。核燃料が調達できなければ、大規模停電に追い込まれる事態にもなりかねない。石油やガスは国際市場で調達できても、核燃料はオーダーメードのため、通常は2～3年前に発注する必要がある。臨機応変な状況対応は難しい。

EUは、EU域内のロシア機飛行を禁止する制裁を科していたため、スロバキアは核燃料を運ぶロシア輸送機が上空を通過できるよう特別許可をEUに求めた。EUはこれを承認、3月2日に核燃料を積んだ輸送機がポーランド上空を経由してスロバキアに入った。ハンガリーも同様の手法で核燃料をロシアから空輸した。

核燃料の調達先をロシアから西側企業に変える動きも出ている。チェコのテメリン原発は、24年から米国のウエスチングハウス社製などに変えることを決めた。この原発は私も04年7月に取材に訪れたことがある。原発アレルギーが強い隣国オーストリアは、チェルノブイリ

チェコのテメリン原発の制御室。西側メーカーの機器が使われている（2004年7月、筆者撮影）

事故を念頭に「ロシア製原発は安全性に問題がある」と厳しい注文をつけた。これを受け、テメリン原発は旧ソ連型の加圧水炉（ＶＶＥＲ１０００）を導入したものの、米国のハリバートン社の指導を受けて設計を変更、安全システムには米ウエスチングハウス社製など西側企業の制御システムを使う。ただ、欧米製の核燃料はロシア製より2割ほど高いこともあり、東欧諸国のユーザーが雪崩を打って核燃料調達先を切り替えようとする動きは出ていない。

ロシア製原発は、東欧や、ロシアの隣国であるフィンランドなどで稼働する。ロシアは、巨額の費用がかかる原発建設を支援する金融支援パッケージをセットに各国に売り込みを図り、西側原発メーカーとの商戦を勝ち抜いてきた。

ロシアはウラン鉱石こそシェア5％と世界5位だが、ウラン濃縮に使う「6フッ化ウラン

（$UF_6$）」と呼ばれるガスを作るウラン転換のシェアは40％、濃縮は46％もある。さらに、核燃料製造のシェアも3分の1もある。いずれも世界トップを占めている。

世界で最も多い90基を超す原発が稼働する米国は、世界最大のウラン消費国でもある。ロシア産ウランも大量に購入しており、21年はウラン鉱石の14％、濃縮ウランの28％をロシアから調達した。ロシア産が手に入らなければ「米国の原発はすべて止まる」とも言われるほどだ。

EUも事情はほぼ同じだ。20年に調達したウラン鉱石の20％、濃縮ウランの26％はロシア産だ。

ただ、ロシアのウクライナ侵攻を機に、天然ガスなどと同様に、原子力でもロシアへの過度な依存を続けるのはエネルギー安全保障上、安心とは言えない事態を迎えた。米国は22年3月の上院公聴会で、エネルギー省のハフ次官補候補（原子力担当）が「西側諸国はウラン転換、ウラン濃縮を含めてロシアに頼らないシステムを構築する必要がある」と述べ、積極的な予算措置で産業を支援する必要があると訴えた。

米国は80年代初めには年間4000万ポンド（約1万8000トン）ものウラン鉱石を採掘し、世界のウラン生産をほぼ「独占」していた。しかし、世界各地で有望なウラン鉱脈が見つかり価格競争が激化した。さらに、11年の福島事故後に日本や欧州の原発の稼働数が大幅に減ったことで需要が落ち込み、ウラン価格は急落する。競争に負けた米国では多くのウラン鉱山が閉山に追い込まれ、19年の国内生産量は記録を取り始めた49年以降では最低の17・4万ポンドにまで落ち込んだ。

ただ、その間も米国の原発は休み無く動き続けている。原発に必要なウランは、ほぼ全量をロシアや、カザフスタンなど米国より割安にウランを採掘できる他の国々からの輸入に頼ってきた。米政府はエネルギー安全保障を強化しようと、ウラン鉱山や、17年に操業停止に追い込まれた唯一の転換施設を再建する動きに取り組み始めた。

また、ウラン資源が豊富なカナダも「脱ロシア」の流れが追い風となると見て、転換施設の再建に取り組み始めた。欧州が保有する能力とあわせれば、23〜25年には西側諸国だけでウラン燃料全量を確保できる態勢が整う見通しだ。

世界的に注目を集める小型炉のSMRを推進するにも「脱ロシア」が不可欠となる。

米エネルギー省は19年11月から国費を投入しSMRで使うHALEUと呼ばれる核燃料を製造する実証プログラムを始めた。23年末までに約20キロ、24年には年間900キロの製造能力確保を目指す。エネルギー省のグランホルム長官は「敵対国が供給するHALEU燃料への依存を減らし、自前のサプライチェーンを構築すれば、米国民にクリーンで安価な電力を今以上に供給できる」と述べている。20年代末までに必要となるHALEU燃料は40トン

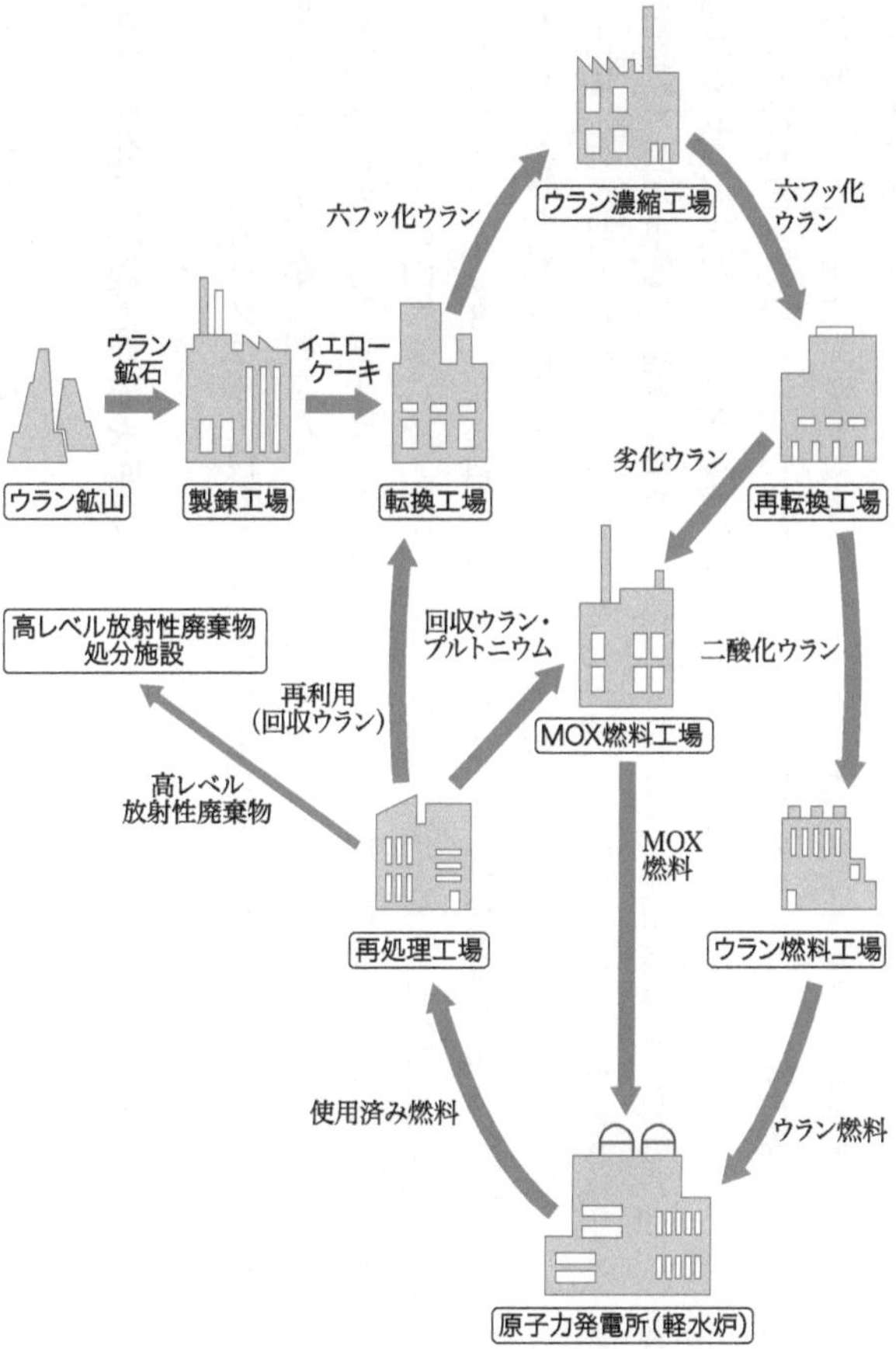


核燃料サイクルの概念図

以上と見積もられている。

## （6）原発の脆弱性が浮き彫りに

ロシアによるウクライナ侵攻では、稼働中の原子力発電所が戦争に巻き込まれるという人類史上初の出来事も起きた。その原発は3つある。

開戦初日の2月24日午後4時過ぎ、ベラルーシから陸路ウクライナに侵攻したロシア軍は、ベラルーシとの国境に近いチェルノブイリ原発を占領、3月31日に撤退するまで36日間も居座り続けた。1986年4月に大事故を起こした同原発4号機は現在もコンクリート製の「石棺」に覆われ、使用済み核燃料もサイト内に保管されている。

占領中の3月9日から13日にかけては一時、外部からの電力供給が途絶え、非常用発電機を起動させる事態に見舞われた。燃料が切れれば、使用済み核燃料の冷却ができなくなる。福島事故の再来が頭をよぎる状況になった。

より深刻だったのは、二つ目のウクライナ南部のザポリージャ原発だ。ロシア軍が3月4日に制圧した。出力100万キロワットのロシア製原子炉が6基稼働する欧州最大の原発で、サイト内で戦闘があったほか、8月以降は、サイト内にミサイルやロケット弾が着弾する危険な事態に見舞われた。原子炉容器や使用済み核燃料の保管プールを直撃すれば、ロシア国防省によると「ドイツ、ポーランド、スロバキアに達する汚染が生じる」事態となる。

同原発へのミサイル攻撃について、ロシアはウクライナが攻撃したと非難、一方、ウクライナはロシアの攻撃と双方が全く逆の主張を続けた。現場の状況を把握するため、グロッシ事務局長をトップとする国際原子力機関（ＩＡＥＡ）が9月1日から現地調査を始め、調査終了後も専門家を常駐させている。

ＩＡＥＡの報告書によると、原発敷地内には、砲撃で壊れた箇所が複数確認されたほか、核燃料や放射性廃棄物を収容する建物や、放射能監視システムがあるコンテナにも壊れた箇所が見つかった。調査時点では「放射性物質が拡散する恐れを示す兆候は見つかっていない」ものの、グロッシ事務局長は「火遊びをしているようなものだ。恐ろしく壊滅的なことが起こる可能性がある」と警告した。紛争が終結するまでの暫定措置として、原発周辺を戦闘や破壊行為を実施しない「保護区域」に設定し、原発の安全を保つよう求めている。

ただ、最後まで動いていた6号機が22年9月11日に運転を停止したことで、現在、ザポリージャ原発の全基が運転停止状態にある。しかし、炉心を冷やすには給水ポンプを動かす電力が必要となる。電源喪失に備えて非常用ディーゼル発電機の燃料も追加調達したが、備蓄量は約2週間分しかなく、依然として危険な状況と言える。

原発周辺では砲撃が続いており、ＩＡＥＡ理事会は22年9月15日、ロシア軍が原発に駐留を続けることは安全への深刻な脅威で「原子力事故のリスクを格段に高めている」との決議案を採択した。しかしロシアは「原発の完全性確保」を理由に、約５００人を超す軍部隊、多連装ロケットシステムや戦車などをサイト内に配備する。

三つ目は、22年9月19日に攻撃を受けた南部ミコライウ州の「南ウクライナ原発」だ。原子炉から約３００メートルの地点で爆発があったが、原子炉に損傷はなく原発はその後も通常通りに運転中だ。

日本の原子力施設は、福島事故をきっかけに航空機が突入した場合でも重大事故にならないよう対策が強化された。しかし、原発が戦争に巻き込まれる事態は想定していない。福井県や新潟県など日本海側は多数の原発があり、有事の際、北朝鮮がミサイル攻撃を仕掛ける可能性もあるが、現状では、特別な防御策は講じていない。

原発が武力攻撃されれば、86年のチェルノブイリ原発事故のように放射性物質が国境を越えて広く飛散する可能性がある。だからこそ、文民保護などを定めたジュネーブ条約は、原発への武力攻撃を禁じている。原発に攻撃を仕掛けた国は、今後、永遠に原発を扱う資格などないと断罪されるべきだと思うのは私だけではないだろう。

また、福島第一原発と同様に６基もの原発が集中するザポリージャ原発のようなサイトが攻撃を受けた場合は、より危険が高まる。これは6基の原発が稼働していた福島事故でも指摘された話だ。メルトダウン（炉心溶融）のような大事故が1基で起きれば、他の原子炉の運転に手が回らず、連鎖的に事故が拡大していく事態も想定される。

歴史上、軍事攻撃を受けた原発は3つある。ただ、いずれも核燃料が装塡《そうてん》される前の段階だったため、幸いなことにチェルノブイリや福島事故のように放射性物質がばらまかれるような事態には至らなかった。

世界で初めて原発を軍事攻撃したのはイスラエル。81年6月7日、イラクの首都バグダッド近郊にあり、フランスの支援を受けて建設中だったオシラク原発を空爆した。作戦にはF15とF16の戦闘機14機が参加、F16が爆撃を担当、F15はF16の護衛とイスラエル本国との連絡役を務めた。原発が稼働すれば、イラクが原爆の原材料となるプルトニウムを手に入れ、核武装に近づく可能性があるとイスラエルは警戒した。

イスラエルは、07年9月にもシリア東部のデリアゾールで北朝鮮の支援を受けて建設中の原子炉をイラク空爆作戦と同様にF15、F16戦闘機で空爆した。この原子炉は、シリアと深い関係にある北朝鮮が支援して建設していたもの。北朝鮮の寧辺で稼働する5メガワット炉に似た黒鉛減速炉と呼ばれるタイプの炉だった。

三つ目は、80年から8年間続いたイランイラク戦争中にイランで起きた。84年3月以降、イラク軍機がイランのブシェール原発を空爆、88年まで7回に及んだ。原発は、パーレビ王朝時代の75年に着工したが、79年のイラン・イスラム革命後に工事が中断されていた。空爆で多大な損傷を受けたが95年からロシアが再建を請け負い、11年に中東初の原発として稼働している。

ウクライナで起きた事例をもとに、原発への依存はリスクとみるか。それとも、そうした事態にも対応しようと対空ミサイルや軍隊を原発周辺に配備するのか。日本だけでなく、原発を保有、もしくは導入を目指す諸国の対応が問われている。

# おわりに

米国のテキサス州ダラスを一度だけ訪ねたことがある。1963年11月にケネディ大統領が暗殺された現場に足を運び、オズワルド容疑者が狙撃した教科書倉庫ビル6階を見学した。そこには、大統領暗殺を第一報を伝えた原稿も展示されていた。

「ケネディ大統領がダラスのダウンタウンで殺された」

わずかそれだけを伝える短文の記事だが、ミスタイプだらけだ。記者の驚愕《きょうがく》ぶりが伝わってきた。

その日、私は東京の自宅に居た。テレビの前で、日米では初めての「宇宙中継」を父とともに心待ちにしていた。だが、放送が始まると父の顔がこわ張った。あと2週間ほどで4歳の誕生日を迎える私には、事件を理解できるはずもなかったが、父が寝室に駆け込み、「ママ、ママ、大変だ。あなたの大好きなケネディが殺された！」と、母を揺さぶり起こそうとしたことを覚えている。

ケネディ氏は暗殺の前年、核戦争が迫る「人類最後の13日間」と形容されたキューバ・ミサイル危機を体験した。以後、核兵器削減と不拡散を政策課題の最優先に据える。その成果の第一弾が、暗殺の約4カ月前に部分的核実験禁止条約として実を結ぶ。

米英ソの三カ国が結んだこの条約は、大気圏内や水中、宇宙空間での核実験を禁止するもの。この結果、核実験に伴い発生する大量の放射性降下物（フォールアウト）、いわゆる「死の灰」の削減が実現する。

条約締結の背景には、地道な取り組みもあった。米中西部ミズーリ州セントルイスには、抜け替わる子供の乳歯をカラフルなボタンと交換して集め、それに含まれる放射性物質の量を測定する作業に取り組む科学者たちが居た。乳歯に含まれる「ストロンチウム90」の量が、51年生まれの子供より、54年生まれの子供の方が4倍も多い。そんな衝撃的な測定結果を61年に科学誌「サイエンス」に発表、ケネディ氏にも伝えたとされる。

死の灰をめぐっては、いまなお新発見が続く。２０２３年7月、米プリンストン大などの調査チームは、米西部ニューメキシコ州で45年7月にあった人類初の核実験「トリニティ」の死の灰が、全米50州のうち46州に降り注ぎ、カナダやメキシコにも達していたとの分析結果を発表した。核兵器を推進するため、故意に被害が過小評価されていたとの指摘とも言える。

22年2月にウクライナに侵攻したのを機に、ロシアのプーチン大統領は核兵器を脅しの道具に使い始めた。核兵器の全廃を目指す核兵器禁止条約が発効したのは、まだ2年半前の21年1月のことだ。それが遠い過去に感じるほど、核兵器をめぐる情勢は一変してしまった。

核戦争直前に危機を回避したケネディ氏と、ソ連共産党のフルシチョフ第1書記。頭文字を取って「KK」とも呼ばれた二人の知恵に学び、今に生かす手はないか。ケネディ氏の死から60年を迎える年の夏、私はそんなことばかりを考えて過ごした。力不足もあり、残念ながら胸を張って「これだ!」と言えるような答えを見つけられていない。

末尾ながら、この本の執筆を勧めてくれたKADOKAWAの堀由紀子さんに感謝の意をささげたい。

2023年8月

会川　晴之

**会川晴之（あいかわ・はるゆき）**
1959年、東京都生まれ。毎日新聞社編集編成局専門編集委員。北海道大学卒業後、外航海運会社を経て、87年毎日新聞社入社。東京本社経済部、政治部、外信部、ウィーン特派員、欧州総局長（ロンドン）、北米総局長（ワシントン）などを歴任。日米政府が共同で進めたモンゴルへの核廃棄物計画の特報で2011年度のボーン・上田記念国際記者賞、連載「核回廊を歩く　日本編」で16年科学ジャーナリスト賞を受賞。著書に『核に魅入られた国家　知られざる拡散の実態』（毎日新聞出版）、『独裁者に原爆を売る男たち　核の世界地図』（文春新書）がある。

**核《かく》の復権《ふっけん》**
核共有《かくきょうゆう》、核拡散《かくかくさん》、原発《げんぱつ》ルネサンス
会川晴之《あいかわはるゆき》

2023 年 10 月 10 日　初版発行
2024 年 11 月 15 日　再版発行

◆◇◇

発行者　山下直久
発　行　株式会社KADOKAWA
〒102-8177　東京都千代田区富士見 2-13-3
電話　0570-002-301（ナビダイヤル）

装 丁 者　緒方修一（ラーフイン・ワークショップ）
ロゴデザイン　good design company
オビデザイン　Zapp!　白金正之
印 刷 所　株式会社KADOKAWA
製 本 所　株式会社KADOKAWA

角川新書

ISBN978-4-04-082458-1 C0231